Elias Ceka

Mit Resilienz den Alltag meistern

Strategien für ein Stressfreies, Selbstbewusstes und Krisenfreies Leben mit viel Lebensqualität

Originale Erstausgabe Mai 2024

Bibliografische Information der Deutschen Nationalbibliothek

Die Deutsche Nationalbibliothek verzeichnet diese Publikation in der Deutschen Nationalbibliografie, detaillierte bibliografische Daten sind im Internet unter https://portal.dnb.de abrufbar.

Druck/ Auslieferung: Amazon oder Tochtergesellschaft
Independently published

ISBN: 9798326370204

Mit Resilienz den Alltag meistern

Strategien für ein Stressfreies, Selbstbewusstes und Krisenfreies Leben mit viel Lebensqualität

Inhaltsangabe

Vorwort

Einleitung

Kapitel 1: Resilienz verstehen

Die Definition und das Konzept der Resilienz

Die Bedeutung der Resilienz im Alltag

Die Entdeckungsreise beginnt

Die Unterschiede zwischen Resilienz und Stärke

Kapitel 2: Die Bausteine der Resilienz

Das Selbstbewusstsein und die Selbstakzeptanz

Das Selbstbewusstsein
Die Selbstakzeptanz

Die Stressbewältigung und Entspannungstechniken

Die Stressbewältigung
Entspannungstechniken
Das positive Denken und der Optimismus
Die soziale Unterstützung und Beziehungen
Die Rolle von Social Media und die Gefahr der Sucht

Kapitel 3: Selbstbewusstsein aufbauen

Die Selbstreflexion und die Selbstwahrnehmung

Die Selbstreflexion
Die Selbstwahrnehmung

Das Selbstvertrauen

Der Umgang mit Selbstzweifeln und Kritik

Der Umgang mit Selbstzweifeln und Kritik

Die Bedeutung der Selbstakzeptanz

Kapitel 4: Stressbewältigungstechniken

Stress erkennen und verstehen

Strategien zur Stressbewältigung

Achtsamkeit und Meditation

Was ist Achtsamkeit überhaupt?
Was ist Meditation?
Diese Vorteile bringen Achtsamkeit und Mediation mit sich

Die Rolle der Ernährung und der Bewegung in Bezug auf Stress und Stressmanagement

Kapitel 5: Positives Denken und Optimismus fördern

Negative Gedankenmuster erkennen

So gehen Sie mit den negativen Gedankenmustern um

Techniken zur Förderung des positiven Denkens

Affirmationen
Visualisierungen
Dankbarkeit
Die Menschen in Ihrer Umgebung
Selbstfürsorge und Selbstakzeptanz
Fehler und ihre Lernmöglichkeiten
Positive Medien und Literatur
Die Mediation und die Achtsamkeit

Kapitel 6: Soziale Unterstützung und Beziehungen pflegen

Die Bedeutung von sozialen Beziehungen

Kommunikationsfähigkeiten und Konfliktlösung

Praktische Tipps zur Verbesserung der Kommunikationsfähigkeiten
Praktische Tipps zur Konfliktlösung

Die Empathie und das Mitgefühl

Praktische Tipps zur Förderung von Empathie und Mitgefühl

Die Auswirkungen von Social Media auf zwischenmenschliche Beziehungen

Kapitel 7: Kontrolle der Impulse und Disziplin

Praktische Maßnahmen zur Stärkung der Impulskontrolle

Die Beziehung zwischen Impulskontrolle und Disziplin

Die Entsexualisierung des Gehirns und die Schritte zur Wiedererlangung der Kontrolle über Ihr Leben

Kapitel 8: Krisenbewältigung und Widerstandsfähigkeit

Die Bedeutung von Anpassungsfähigkeit

Kapitel 9: Lebensqualität steigern

Die Auswirkungen von Resilienz auf die Lebensqualität

Ziele setzen und Träume verfolgen

Die Balance zwischen Arbeit, Freizeit und Gesundheit

Die Macht der Dankbarkeit

Kapitel 10: Praktische Übungen und Tipps

Übungen zur Stärkung der Resilienz im Alltag

Alltagsstrategien für ein stressfreies und selbstbewusstes Leben

Die Organisierung des Alltags

Schlusswort

Rechtliches *71*

Vorwort

Liebe Leserinnen und Leser,
Willkommen zu einem Abenteuer, das nicht nur Ihre Sichtweise auf das Leben verändern, sondern Ihnen auch Werkzeuge an die Hand geben wird, mit denen Sie Ihr Leben selbst gestalten können.

"Mit Resilienz den Alltag meistern" ist mehr als nur ein Buch – es ist ein Wegweiser zu einem erfüllteren, bewussteren und resilienteren Ich. In einer Welt, die von Unsicherheit, schnellem Wandel und ständigem Druck geprägt ist, erscheint die Kunst der Resilienz nicht nur wünschenswert, sondern notwendig, um nicht nur zu überleben, sondern zu gedeihen.
Die Inspiration zu diesem Buch kam aus der Beobachtung, dass trotz des technologischen Fortschritts und der zunehmenden Vernetzung viele von uns mit einem Gefühl der Leere, des Überwältigtseins und der Unsicherheit kämpfen. Unsere moderne Welt ist voller Herausforderungen – Stress im Beruf, familiäre Verpflichtungen, soziale Erwartungen und die ständige Flut an Informationen. Inmitten dieses Trubels verlieren wir oft den Kontakt zu uns selbst und dem, was wirklich zählt. Doch in jedem von uns schlummert eine unerschütterliche Kraft – die Resilienz.

Dieses Buch ist Ihr persönlicher Guide, der Sie Schritt für Schritt begleitet, um Resilienz in Ihrem Leben zu entwickeln und zu stärken. Es kombiniert wissenschaftliche Erkenntnisse mit praktischen Anwendungen, Strategien, die Ihnen zeigen, dass Veränderung möglich ist – und sie beginnt in Ihnen.

Wir werden gemeinsam die vielschichtigen Dimensionen der Resilienz erkunden – von der Kunst, Achtsamkeit in den Alltag zu integrieren, über die Stärkung des Selbstbewusstseins bis hin zu praktischen Strategien, die Sie befähigen, Herausforderungen nicht nur zu bewältigen, sondern aus ihnen zu lernen und zu wachsen. Jedes Kapitel bietet Ihnen nicht nur theoretisches Wissen, sondern auch

praktische Übungen, Reflexionsfragen und alltagsnahe Tipps, die Sie direkt in Ihr Leben integrieren können.
Durch die Seiten dieses Buches werden Sie lernen, wie Sie:

- Stress nicht nur bewältigen, sondern ihm proaktiv begegnen können,
- Ihr Selbstbewusstsein stärken, um selbst in schwierigen Zeiten standhaft zu bleiben,
- Krisen nicht als Hindernisse, sondern als Gelegenheiten zum Wachstum sehen,
- und schließlich, wie Sie eine Lebensqualität erreichen, die nicht von äußeren Umständen, sondern von Ihrer inneren Haltung bestimmt wird.

Jedes Kapitel ist sorgfältig darauf ausgelegt, Ihnen nicht nur theoretisches Wissen zu vermitteln, sondern Sie auch aktiv in die Umsetzung dieses Wissens einzubeziehen. Von Achtsamkeitsübungen über Selbstreflexionsfragen bis hin zu praktischen Handlungsanweisungen – Sie werden mit einer Fülle von Ressourcen ausgestattet, die Ihnen helfen, die vorgestellten Konzepte in Ihren Alltag zu integrieren.
Dieses Buch wendet sich an alle, die das Gefühl haben, dass das Leben mehr zu bieten hat als den täglichen Kampf gegen Stress und Sorgen. Ob Sie sich in einer Phase der Transition befinden, mit persönlichen Herausforderungen kämpfen oder einfach nur Ihr Wohlbefinden steigern möchten – Sie finden hier eine Quelle der Inspiration, des Trosts und der Anleitung.

Meine Einladung an Sie ist einfach: Öffnen Sie sich für die Möglichkeiten, die dieses Buch bietet. Lassen Sie sich auf die Übungen ein, seien Sie ehrlich in Ihren Reflexionen und seien Sie mutig genug, Veränderungen in Ihrem Leben zu wagen. Das Ziel dieses Buches ist es, Sie nicht nur zu informieren, sondern zu transformieren..
Begleiten Sie mich auf diesem Weg. Öffnen Sie sich für die Veränderungen, die dieses Buch in Ihrem Leben bewirken kann. Nehmen Sie sich die Zeit, die Übungen wirklich durchzuführen,

reflektieren Sie über die gestellten Fragen und seien Sie bereit, alte Muster loszulassen. Denn am Ende dieser Reise wartet das schönste aller Ziele auf Sie: Ein stressfreies, selbstbewusstes und krisenfreies Leben mit unendlich viel Lebensqualität.

Einleitung

Ich muss noch schnell einkaufen.
Wann war gleich nochmal der Termin beim Arzt?
So spät schon? – Ich habe das Essen noch gar nicht vorbereitet.
In ein paar Stunden muss ich schon wieder aufstehen.

Steigen Ihnen auch bereits während des Lesens dieser Sätze die Schweißperlen auf die Stirn? Fängt Ihr Herz auch an, schnell in Ihrer Brust zu schlagen, bevor Sie den Herzschlag in Ihrem ganzen Körper spüren können? Finden Sie sich in diesen Sätzen wieder? Finden Sie sich in dem Gefühl, das sich während des Lesens dieser hektischen und stressigen Sätze in Ihnen ausgebreitet hat, wieder? Können Sie es auf Ihren Alltag übertragen?

Vermutlich lautet die Antwort auf diese Fragen „Ja“. Schließlich leben wir in einer schnelllebigen und stressigen Zeit, die kaum Zeit zum Innehalten, Entspannen und Ausruhen vorsieht. Ein voller Alltag, eine noch vollere To-Do-Liste und nur 24 Stunden, die Ihnen während des Tages zur Verfügung stehen.

Gibt es keine Möglichkeit, dem Tag mehr Stunden zu verleihen? – Natürlich handelt es sich bei dieser Frage um eine rein rhetorische Frage. Denn natürlich liegt es nicht in Ihrer Macht, dem Tag mehr Stunden zu verschaffen.

Was jedoch in Ihrer Macht liegt, ist es, Ihren Tag ein bisschen freizuschaufeln und einen gesunden, hilfreichen Umgang mit Stress zu lernen. Wenngleich ein gewisses Maß an Stress durchaus motivierend wirken und Sie somit zu Ihrem gewünschten Erfolg bringen kann, führt zu viel Stress dafür, dass Sie nicht das entspannte und selbstbestimmte, erfüllte Leben leben können, das Sie sich wünschen.

Stellen Sie sich Ihr Leben einmal als Hindernislauf vor, stoßen Sie Tag für Tag immer wieder aufs Neue auf Hindernisse, die Ihnen in der Form von Druck, digitaler Ablenkung, emotionalen Turbulenzen und weiteren Herausforderungen begegnen.

Haben Sie auch den Wunsch danach, nicht immer nur den Hindernislauf zu laufen, sondern endlich einmal geradeaus zu gehen? Wollen Sie den Stress dominieren, anstatt sich und Ihr Leben vom Stress dominieren zu lassen?

Dann steht Ihnen dieser Ratgeber zur Seite, indem er Sie auf eine erkenntnisreiche, (ent-)spannende und vor allem hilfreiche Reise hin zur Resilienz einlädt. Resilient zu sein bedeutet, dass Sie stressige Situationen, Hindernisse und Herausforderungen in Ihrem Alltag nicht als Angriff sehen und auch nicht als Bestätigung darüber auffassen, dass Ihr Leben schwer, hart und unfair ist, sondern stattdessen die Kraft in sich finden, diese Herausforderungen zu bewältigen, die Hindernisse hinter sich zu lassen und Rückschlägen nicht die Macht zu geben, Sie auf den Boden zu werfen und über Sie zu trampeln. Mit Resilienz halten Sie auch in harten Zeiten Stand und gehen gestärkt aus jeder Herausforderung hervor. Stress hat keine Macht mehr über Sie, sondern Sie nehmen das Zepter in die Hand und entscheiden, inwiefern Sie sich von dem Stress in Ihrem Leben beeinflussen lassen.

Doch, warum müssen Sie für diese Zwecke eine Reise mit der Hilfe dieses Ratgebers machen? Die Antwort auf diese Frage liegt in dem Umstand, dass es sich bei der Resilienz nicht um eine angeborene Eigenschaft handelt. Kein Mensch kommt resilient auf die Welt, weshalb es umso wichtiger ist, dass Sie diesen Ratgeber nutzen, um nach und nach immer resilienter zu werden.

Das Schöne an der Resilienz und dem Weg zu ihr besteht darin, dass es keine Rolle spielt, was in Ihrer Vergangenheit liegt und, welche Erfahrungen Sie bislang gesammelt haben. Der Weg hin zu Resilienz steht Ihnen zur Verfügung und, dass Sie diesen Ratgeber in Ihren Händen halten, zeugt bereits davon, dass Sie bereit dazu sind, die Schritte auf diesem Weg zu gehen.

Freuen Sie sich in diesem Ratgeber darauf, nicht nur der Resilienz etwas näher zu kommen, sondern tief in sie einzutauchen. Für diese Zwecke lernen Sie sechs entscheidende Schritte kennen. Diese sechs Schritte helfen Ihnen dabei, Ihr Gehirn zu desexualisieren (was das genau heißt, erfahren Sie ebenfalls in den kommenden Kapiteln) und somit die besten Voraussetzungen zu schaffen, um die Kontrolle über Ihre Impulse zurückzugewinnen. Dieser Aspekt spielt für die Rückeroberung Ihres Lebens und für die Disziplin, die in der heutigen Zeit so wichtig ist, wie noch nie zuvor, eine fundamentale Schlüsselrolle.

Tauchen Sie in die einzelnen Bausteine ein, die den Grundbaustein für die Resilienz bilden und bauen Sie anschließend Ihr Haus auf diesem Grundstein auf – bauen Sie ein stabiles und erfülltes Leben auf diesem Fundament der Resilienz auf und erfahren am eigenen Leib, wie nach und nach immer mehr Selbstbewusstsein in Ihr Leben einzieht, wie Sie immer besser mit Stress umgehen können, wie der Optimismus zu einem festen Bestandteil Ihres Alltags wird und wie Sie authentische, gesunde zwischenmenschliche Beziehungen aufbauen.

Haben Sie ein Smartphone?
Mit großer Wahrscheinlichkeit lautet die Antwort auf diese Frage „ja“. Digitale Medien haben inzwischen so sehr Einzug in unseren Alltag gefunden, dass sie aus dem Leben kaum mehr wegzudenken sind. Digitale Technologien und soziale Medien bestimmen zu einem großen Teil den Alltag der Gesellschaft und haben somit eine große Auswirkung auf Ihr Leben. Aus diesem Grund stecken hinter der Resilienz nicht nur die persönliche Stärke und die psychische Widerstandsfähigkeit. Die Resilienz geht auch Hand in Hand mit dem Wissen darüber, wie Sie sich vor übermäßiger digitaler Ablenkung und einem möglichen Suchtverhalten schützen können.

In der heutigen Zeit spielen jedoch nicht nur die sozialen Medien, sondern auch sexuelle Reize eine sehr große Rolle. Inmitten all dieser sexuellen Reize spielt eine emotionale Stabilität eine unglaublich wichtige Rolle, um Ihnen eine gute Lebensqualität zu ermöglichen. Wie

Sie Ihr Gehirn desexualisieren und auf diese Weise zur inneren Ruhe und emotionalen Ausgeglichenheit kommen, lernen Sie, genau wie die Beherrschung Ihrer Impulse, in diesem Ratgeber.

Denn nur auf diese Weise kommen Sie zur Selbstkontrolle und Disziplin. Wie genau das funktioniert und welche Strategien Ihnen dabei helfen können, erfahren Sie auf der Reise zur Resilienz mit diesem Ratgeber. Freuen Sie sich darauf, Entscheidungen bewusster zu treffen und Ziele mit mehr Entschlossenheit zu verfolgen.

Führen Sie sich vor Augen, was für eine wichtige Rolle die Resilienz in der heutigen Zeit des Stresses, der Krise und der Veränderungen spielt.

Gehen Sie der Resilienz auf den Grund, lernen Sie die Bausteine kennen und bauen sich Ihr persönliches Fundament an Resilienz auf. Auf diesem Fundament bauen Sie dann Ihr ganz persönliches Haus auf, das sich aus verschiedenen Bausteinen zusammensetzt:

- Die Bewältigung von Krisensituationen, aus denen Sie stärker hervorgehen
- Die Anpassungsfähigkeit an verschiedene Situationen
- Die Steigerung der Lebensqualität
- Das Setzen Verfolgen von Zielen
- Das Finden der Balance zwischen Arbeit, Freizeit und Gesundheit
- Das Gestalten Ihres Lebens nach Ihren Wünschen und Vorstellungen
- Der Umgang mit Stress
- uvm.

Die Resilienz ist die Quelle all dieser Punkte, weshalb dieser Ratgeber weitaus mehr als ein einfacher Ratgeber ist. In Ihren Händen halten Sie einen Wegweiser, einen Helfer und einen Begleiter, mit dem Sie nach und nach zu mehr Resilienz gelangen, sich Ihrer Macht bewusst zu werden und so Ihr Leben so gestalten, dass Sie es erfüllt und zufrieden Leben können.

Der Ratgeber ist Ihr ganz persönlicher Begleiter, der Sie nicht nur mit wertvollem theoretischem Wissen, sondern gleichzeitig mit Informationen, Strategien und Übungen versorgt, die Sie an Ihre persönlichen Lebensumstände und Bedürfnisse anpassen können.

Ich lade Sie hiermit nun ein, sich auf diese wundervolle, erkenntnissreiche und wertvolle Reise zur Resilienz zu begeben, Ihr inneres Potenzial freizusetzen und gemeinsam mit dem Ratgeber die Werkzeuge zu finden, die Ihnen zur inneren Stärke, Selbstvertrauen und Selbstbewusstsein verhelfen, um auf diese Weise die Kontrolle über Ihr Leben zurückzubekommen.

Kapitel 1: Resilienz verstehen

Bevor Sie sich über ein erfüllteres und selbstbestimmteres Leben freuen dürfen, spielt es eine wichtige Rolle zu verstehen, was sich überhaupt hinter dem Begriff „Resilienz" verbirgt. Wissen ist bekanntlich Macht. Eignen Sie sich aus diesem Grund das Wissen an, um anschließend diese Macht zu nutzen, um die Kontrolle über Ihr Leben zurück in Ihre Hand zu nehmen.

Die Definition und das Konzept der Resilienz

In der stressigen und schnelllebigen Zeit stellt es kein Wunder dar, dass der Begriff „Resilienz" vor allem in den letzten Jahren immer mehr an Bedeutung gewonnen hat. Dabei stellt das Wort „Resilienz" selbst einen äußerst vielschichten Begriff dar, den wir in dem ersten Kapitel dieses Ratgebers ausführlicher beleuchten wollen.

Kurz und knapp zusammengefasst steckt hinter dem Begriff die Fähigkeit, sowohl Herausforderungen als auch Krisen bewältigen und sich Veränderungen anpassen zu können, ohne sich von ihnen unterbuttern zu lassen. Anstatt sich von Herausforderungen, Krisen und Veränderungen einnehmen zu lassen, gehen Sie dank der Resilienz gestärkt aus ihnen hervor. Wenn Resilienz einen festen Bestandteil Ihres Lebens darstellt, fällt es Ihnen leichter, Stress und Belastungen effektiv zu bewältigen und auszuhalten, während Sie zu derselben Zeit Ihre psychische Gesundheit schützen. Resilienz hat dabei nichts mit „sich Dinge schönreden" zu tun, sondern stellt vielmehr das Bewusstsein darüber dar, dass Sie die Situation selbst nicht beeinflussen können, dafür aber die Macht darüber haben, wie Sie mit den Umständen umgehen.

Aus diesem Grund spielt die Resilienz in vielen unterschiedlichen Lebensbereichen eine fundamentale Rolle. Wenngleich vermehrt die Rede von Krisen, Herausforderungen und Veränderungen ist, nimmt die Resilienz auch im tagtäglichen Leben einen wichtigen Platz ein. Wer im Alltag resilient ist, verbessert durch die damit Hand in Hand gehende bessere Stressbewältigung, das wachsende Selbstbewusstsein und die stärkeren zwischenmenschlichen Beziehungen seine Lebensqualität enorm.

Doch Selbstbewusstsein, eine bessere Stressbewältigung, sowie gesündere zwischenmenschliche Beziehungen stellen nicht die einzigen positiven Aspekte dar, die Hand in Hand mit der Resilienz gehen. Auch die soziale Unterstützung, die Fähigkeit zur Selbstregulation und ein positives Denkmuster sind positive Folgen des Einzugs der Resilienz in Ihr Leben. Im Ratgeber werden Sie noch tiefer in die einzelnen Faktoren eintauchen und lernen, wie Sie sie entwickeln und anschließend in Ihrem persönlichen Alltag um- und einsetzen können.

Die Bedeutung der Resilienz im Alltag

Dass die Resilienz nicht nur in Krisensituationen, in Katastrophen oder bei traumatischen Ereignissen Relevanz hat, wissen Sie nun bereits. Doch, warum spielt sie auch im Alltag eine so wichtige Rolle? Mehrere Gründe geben eine Antwort auf diese Frage:

Die Stressbewältigung: In der stressigen Zeit, in der Sie heute leben, spielt die Stressbewältigung eine fundamentale Rolle. Denn Stress ist inzwischen ein alltäglicher Begleiter, der Sie in den unterschiedlichsten Situationen Ihres Lebens begleitet. Mit der Resilienz in Ihrem Leben können Sie einfacher mit stressigen Situationen umgehen und sich somit persönlich weiterentwickeln, Herausforderungen meistern und neue Möglichkeiten wahrnehmen. Freuen Sie sich in den kommenden Kapiteln dieses Ratgebers darauf, mehr darüber zu erfahren, welche Stressbewältigungsstrategien Sie einfach und unkompliziert in Ihren Alltag integrieren können.

Das Selbstbewusstsein: Resilienz geht Hand in Hand mit Ihrem Selbstbewusstsein. Um Resilienz immer mehr in Ihr Leben integrieren zu können, spielt es eine wichtige Rolle, dass Sie lernen, was Selbstbewusstsein bedeutet und, wie Sie zu mehr Selbstbewusstsein kommen. Lernen Sie sich im Laufe dieses Ratgebers und während der Reise zu mehr Resilienz besser kennen, verstehen Sie sich besser und erfahren Sie, wie Sie Ihre Stärken und auch Schwächen nutzen können, um auf diese Weise Selbstzweifel zu überwinden.

Das positive Denken: Sicherlich besteht ein großer Unterschied zwischen der toxischen Positivität, in der Sie sich unschöne Situationen versuchen schön zu reden und einem positivem Mindset. In der Tat bedeutet ein positives Mindset nicht, dass Sie sich alles im Leben schönreden. Vielmehr schaffen Sie es durch das positive Denken einen optimistischen Blick auf das Leben zu behalten, Chancen in Herausforderungen zu erkennen und immer den Blick auf schöne und positive Aspekte zu richten. Aus diesem Grund lernen Sie in diesem Ratgeber unter anderem die wichtigsten Aspekte des positiven Denkens kennen und erfahren, wie Sie Ihr Denkmuster so verändern können, dass Sie nach und nach ein positives Mindset entwickeln und in Ihren Alltag integrieren.

Die Stressbewältigung: In der heutigen Zeit haben Sie mit Sicherheit viel Bekanntschaft mit Stress gemacht. Manchmal scheint schon fast ein inoffizieller Wettbewerb zwischen Mitgliedern der Gesellschaft zu herrschen, in dem derjenige gewinnt, der am wenigsten Schlaf abbekommt, am meisten arbeitet und somit auch am meisten gestresst ist. Damit Sie sich nicht von dieser Welle des Stresses mitreißen lassen, sondern gegen den Strom des Stresses schwimmen können, ist es wichtig, die Resilienz in Ihr Leben zu lassen. Am besten gelingt Ihnen das unter anderem durch die Anwendung effektiver Strategien für die Stressbewältigung. Diese unterstützen Sie nicht nur dabei, besser mit stressigen Situationen umzugehen, sondern Sie lernen, wie Sie stressige Situationen gestärkt verlassen können.

Das emotionale Wohlbefinden: Mit Sicherheit kennen Sie die Gefühle und Gedanken, die sich in Ihnen breitmachen, wenn Sie sich in einer stressigen Situation befinden. Der Stress bildet, gemeinsam mit diesen Gefühlen und Gedanken, die in diesem Zusammenhang aufkommen, eine Abwärtsspirale, die Sie immer weiter in sich hineinzieht und somit immer mehr runterbringt. Eine umso wichtigere Rolle spielt in diesem Fall das emotionale Wohlbefinden. Emotionales Wohlbefinden bedeutet, dass Sie Ihre Emotionen nicht nur besser verstehen, sondern auch diese Weise auch sehr viel besser regulieren können. Natürlich bedeutet das nicht, dass Sie in negativen Situationen die rosarote Brille tragen und sich alles schönreden, doch es bedeutet, dass Sie eine positive geistige Einstellung behalten und nicht zulassen, dass die negativen Gedanken und Emotionen Oberhand gewinnen. Auf diese Weise entsteht in Ihnen ein emotionales Wohlbefinden, das sich wiederum positiv auf die Resilienz auswirkt und Sie darin unterstützt, noch stärker und widerstandsfähiger zu werden.

Die zwischenmenschlichen Beziehungen: Ein weiterer Aspekt, den Sie bereits einige Abschnitte weiter oben kennengelernt haben, ist der Aspekt der zwischenmenschlichen Beziehungen, auf die sich die Resilienz äußerst positiv auswirkt. Öffnen Sie der Resilienz die Türen zu Ihrem Leben und lassen Sie sie zu einem festen Bestandteil in Ihrem Leben werden, ziehen gemeinsam mit ihr nach und nach auch ein paar wertvolle Begleiter ein. Es handelt sich unter anderem um die Empathie und um die Kommunikationsfähigkeit. Resilienten Menschen fällt es in der Regel sehr viel leichter in stressigen Konfliktsituationen einen kühlen Kopf zu behalten, ohne sich in die Spirale der negativen Gefühle ziehen zu lassen. Auf diese Weise lösen resiliente Menschen Konflikte meist sehr viel konstruktiver. Auch, was die Empathie angeht, so können resiliente Menschen in der Regel sehr viel besser eine verständnisvolle und unterstützende Atmosphäre in ihren Beziehungen schaffen, was folglich auch zu sehr viel stabileren und erfüllenderen Beziehungen führt.

Die Leistungsfähigkeit im Beruf: Vielleicht kennen auch Sie diese Tage, an denen sich die negative Stimmung wie ein dicker Nebel in ihrem Kopf festsetzt und sie somit vollkommen ausbremst. Sind Sie auch schon einmal mit dem Auto in einen so dichten Nebel gekommen, dass Sie an der Seite ranfahren, die Warnlichter anschalten und warten mussten, dass der Nebel etwas verschwindet, weil Sie einfach nicht weiterfahren konnten? Negative Gedanken und Gefühle, die durch mangelnde Resilienz aufkommen, wirken genau wie dieser Nebel. In diesem Zusammenhang spielt es für Sie nun eine wichtige Rolle zu wissen, dass die Resilienz den Nebel nicht verschwinden lässt. Die Resilienz ist kein Zauberstab, mit dem Sie die Rahmenbedingungen, unter denen Sie arbeiten, von einen auf den anderen Moment ändern können. Was Sie in der Hand haben, ist es, wie Sie mit dem Nebel umgehen. Die Resilienz wirkt in diesem Fall wie zwei starke Lampen an Ihrem Auto, die Sie trotz des Nebels die Straße und somit den Weg sehen lassen, sodass Sie sicher und ohne Probleme weiter Ihres Weges fahren können. Sprich: Mit mehr Resilienz sind Sie dazu in der Lage, Arbeitsstress besser zu bewältigen, ohne sich von ihm kaputt machen zu lassen. Außerdem sehen Sie Herausforderungen aus einem ganz anderen Blickwinkel und gehen mit sehr viel mehr Flexibilität und Kreativität an die Lösung heran. Das wiederum wirkt sich äußerst positiv auf Ihre berufliche Weiterentwicklung und Ihre gesamte Karriere aus.

Das persönliche Wachstum: Nicht nur beruflich profitieren Sie von dem Einzug der Resilienz in Ihr Leben. Auch in Ihrem privaten Leben dürfen Sie sich auf ein wundervolles persönliches Wachstum einstellen, das die Resilienz Schritt für Schritt mit sich bringt. Denn, indem Sie aus Ihren Fehlern und Ihren Rückschlägen lernen, anstatt sich von ihnen in die Abwärtsspirale ziehen zu lassen, lernen Sie vollkommen neue Seiten an sich kennen. Sie lernen, wie stark Sie sind, welche Stärken Sie haben, von denen Sie noch nichts wussten und welche Schwächen sich sogar nach und nach als Stärken in Ihrem Leben herausstellen. Wenngleich Herausforderungen natürlich anstrengend sind und nicht mit einem gemütlichen Spaziergang zu vergleichen sind, sind Sie durch die Resilienz dazu in der Lage, diese Herausforderungen als Chance zu sehen, die Sie dabei unterstützt zu wachsen und sich zu verbessern.

All diese Aspekte geben eine Antwort auf die Frage danach, warum Resilienz in der heutigen Zeit in Ihrem stressigen Alltag eine so wichtige Rolle spielt. Tauchen Sie nun tiefer in die Resilienz ein und begeben sich auf eine wundervolle, spannende und lehrreiche Entdeckungsreise.

Führen Sie sich in diesem Zusammenhang vor Augen, dass es sich bei der Resilienz keinesfalls um einen Luxus handelt. Vielmehr stellt sie eine äußerst notwendige Fähigkeit dar, die Sie dabei unterstützt, ein erfülltes und erfolgreiches Leben zu leben. Ein selbstbestimmtes Leben, dass Sie selbst in die Hand nehmen, anstatt es vom Stress und anderen Rahmenbedingungen dominieren und führen zu lassen.

Die Entdeckungsreise beginnt

Sie haben nun schon ein bisschen etwas über die Resilienz erfahren und wissen, wieso Sie zu einem festen Bestandteil in Ihrem Leben werden sollte. Alleine der Umstand, dass Sie diese Zeilen lesen, bedeutet, dass Sie etwas in Ihrem Leben verändern wollen. Sie wollen resilienter werden und in stressigen Situationen ruhiger und vor allem gelassener und positiver bleiben, ohne sich von dem Stress in Grund und Boden stampfen zu lassen.

Sind Sie bereit für diese Reise, auf der Sie nach und nach nicht nur mehr über die Resilienz, sondern auch über sich selbst erfahren werden? Die ersten Schritte sind Sie bereits gegangen – Sie halten das Buch in Ihren Händen und Sie verfügen über die Erkenntnis, dass Sie Resilienz erlernen können. Kein Mensch wird resilient geboren – Resilienz kann und sollte in der heutigen Zeit erlernt werden. Freuen Sie sich auf die vielen positiven Veränderungen, die die Resilienz mit ihrem Einzug in Ihr Leben mit sich bringen wird und entfalten Sie Ihr ganz persönliches und zweifelsfrei vorhandenes Potenzial.

Es war gerade die Rede davon, dass Sie durch den Einzug der Resilienz in Ihr Leben nach und nach auch mehr über sich selbst erfahren werden. Das liegt daran, dass Sie auf der Reise zu der Resilienz auf weitere Aspekte stoßen werden, die Hand in Hand mit der Resilienz gehen und auf ihr aufbauen. Um genau zu sein schaukeln sich diese Aspekte und die Resilienz im weiteren Verlauf der Reise gegenseitig hoch und sind somit voneinander abhängig.

Es handelt sich unter anderem um die folgenden wichtigen Aspekte:

Die Selbstreflexion: Für Ihre Entscheidungen, Ihre Verhaltensweisen und auch Ihr Denkmuster spielt es eine wichtige Rolle, sich selbst besser kennenzulernen und sich selbst somit zu reflektieren. Um zu verstehen, warum Sie auf eine bestimmte Weise handeln oder wieso ein gewisses Denkmuster Ihre Gedanken dominiert, ist es wichtig, dass Sie sich selbst reflektieren und auf diese Weise auch herausfinden, in welchen Bereichen Ihre Stärken und Ihre Schwächen liegen. Wenn Sie auf eine Herausforderung stoßen, haben Sie immer verschiedene Möglichkeiten, um auf sie zu reagieren. Selbstverständlich reagieren Sie mit Ihnen gewohnten Mustern auf Herausforderungen. Indem Sie diese Reaktionen reflektieren und sie somit genauer betrachten, können Sie Veränderungen in Ihr Leben einladen und neue Handlungsweisen integrieren, sodass sich Ihre Reaktion auf Herausforderungen langsam ändert.

Die Zielsetzung: Ein weiterer wichtiger Aspekt, den Sie auf Ihrer Reise zu mehr Resilienz genauer kennenlernen werden, ist der Aspekt der Zielsetzung. Für Sie und Ihre Resilienz spielt es eine fundamentale Rolle, sich klare Ziele zu setzen, um so die entscheidenden Schritte einzuleiten, die notwendig sind, um Ihre Ziele zu erreichen. Vielleicht erwischen Sie sich dabei, schnell aufzugeben, wenn Sie merken, dass Sie sich Ihrem Ziel nicht nähern, weil Sie die vielen kleinen Meilensteine übersehen, die Sie langsam, aber beständig zu Ihrem Ziel führen. Wenn Sie sich intensiver mit Ihrem Ziel und den kleinen Meilensteinen beschäftigen, werden Sie sehr viel besser an ihm arbeiten und es somit auch erreichen können.

Die Gemeinschaft und die Unterstützung: Wussten Sie, dass Menschen Herdentiere sind? Das heißt natürlich nicht, dass Sie Tag und Nacht an Ihren Mitmenschen kleben und sich 24 Stunden am Tag mit anderen Menschen umgeben müssen. Es heißt jedoch durchaus, dass soziale Beziehungen in Ihrem Leben eine fundamentale Rolle spielen. Pflegen Sie die sozialen Beziehungen in Ihrem Leben und haben Sie keine Angst davor, um Hilfe und Unterstützung der Menschen zu bitten, die in Ihrem Leben eine wichtige Rolle für Sie spielen.

Diese Aspekte spielen für Ihre Reise zu mehr Resilienz eine fundamentale Rolle und helfen Ihnen dabei, nach und nach immer weiter nach vorne zu kommen. Behalten Sie dabei immer im Hinterkopf, dass es sich nicht um ein Wettrennen handelt. Sie müssen Ihr Ziel der Resilienz nicht innerhalb eines bestimmten Zeitraums erreichen. Nehmen Sie sich aus diesem Grund Zeit für diese Reise und gehen Sie in erster Linie mit Ihrer Bereitschaft zur Veränderung an sie heran.

Sie befinden sich im Moment in Ihrer Komfort-Zone, in der Sie Ihre Denkmuster und Ihre Verhaltensweisen kennen. Wenngleich der Begriff „Komfort-Zone“ etwas irreführend ist, da nichts Komfortables in der Tatsache zu erkennen ist, dass Sie Herausforderungen fürchten und sich von dem Stress in Ihrem Alltag bestimmen lassen, bringt die

Vertrautheit dieser Komfort-Zone die Illusion der Sicherheit und der Kontrolle mit sich.

Verlassen Sie diese Komfort-Zone, indem Sie die Bereitschaft zur Veränderung haben, lassen Sie sich auf neue Strategien und neue Denkmuster ein und lernen die wundervolle Welt außerhalb Ihrer jetzigen Komfort-Zone kennen. Treten Sie die Reise zur Resilienz an, erfahren Sie beeindruckende Veränderungen und nehmen Sie Ihr Leben in die Hand. Nicht der Stress entscheidet, wie Sie auf Herausforderungen und unschöne Situationen reagieren, sondern Sie mit Ihren neuen Denkmustern und effektiven Strategien.

Die Unterschiede zwischen Resilienz und Stärke

Sie haben nun einige Aspekte rund um die Resilienz kennengelernt und erfahren, was sich hinter diesem Begriff versteckt. Möglicherweise haben Sie in diesem Zusammenhang auch an innere Stärke gedacht, die einen fundamentalen Bestandteil Ihrer persönlichen Entwicklung spielt. Wenngleich die Resilienz und die Stärke auf den ersten Blick nahezu Synonyme zu sein scheinen, besteht zwischen den beiden Begriffen ein fundamentaler und nicht zu unterschätzender Unterschied.

Sowohl die Resilienz als auch die Stärke spielen in Ihrer persönlichen Reise eine wichtige Rolle und unterstützen Sie in Ihrer inneren Widerstandsfähigkeit. Dennoch handelt es sich bei ihnen nicht um zwei Synonyme, da wesentliche Unterschiede zwischen den beiden Begriffen bestehen. Um diese Unterschiede besser verstehen zu können, sehen wir uns einmal gemeinsam verschiedene Aspekte an, in denen Stärke und Resilienz oft miteinander verwechselt werden.

Die Flexibilität und die Anpassungsfähigkeit

In der heutigen Zeit, in der sich Umstände oft schnell verändern und, in denen die Technologie immer weitere Fortschritte macht, spielt es eine wichtige Rolle, sich an neue Umstände anpassen zu können und flexibel zu sein.

Oft verstehen Menschen unter dem Begriff der Stärke die Fähigkeit, in Situationen fest und unnachgiebig zu bleiben und somit nicht auf jede Veränderung sofort zu reagieren. Sicherlich mag das in einigen Situationen durchaus von Vorteil sein, doch es kann eben auch dazu kommen, dass genau diese Stärke Menschen ausbremst, da sie ihnen nicht erlaubt, effektiv und flexibel auf Veränderungen zu reagieren. Wer hingegen über Resilienz verfügt, kann sich durch die damit einhergehende Flexibilität and neue Situationen anpassen, ohne sich dabei selbst zu verlieren oder sich von den Rahmenbedingungen unterbuttern zu lassen.

Die emotionale Regulation

Nicht selten denken Menschen von sich selbst, dass sie stark sind, weil sie bestimmte Emotionen und Gefühle nicht zulassen, sondern stattdessen unterdrücken und verbergen. Allerdings muss in diesem Zusammenhang gesagt werden, dass die Definition von Stärke in diesem Fall nicht wirklich richtig ist, da wahre innere Stärke davon zeugt, Gefühle und Emotionen zuzulassen, auch wenn sie sich für Sie unangenehm anfühlen und eine Herausforderung für Sie sind. Genau an dieser Stelle greift aus diesem Grund die Resilienz, mit der Sie Ihre Gefühle – egal, ob es sich um angenehme oder unangenehme Gefühle handelt – zulassen, akzeptieren und anschließend auch regulieren. Mit der Resilienz in Ihrem Leben, kämpfen sie nicht unter dem Deckmantel der „Stärke" gegen die Gefühle an, sondern akzeptieren sie und verarbeiten sie.

Das Lernen und das Wachstum

Manchmal denken Menschen, sie seien stark, wenn sie alles dafür geben, um Fehler zu vermeiden und bloß nichts falsch zu machen. Dabei merken sie oft viel zu spät, wie viel Druck sie auf sich selbst ausgeübt haben und wie sehr sie sich mit dieser „Stärke" kaputtmachen. Im Gegensatz dazu wissen resiliente Menschen, dass Fehler keine Schande sind, sondern vielmehr dazu beitragen können, mehr dazu zu lernen und über sich selbst hinauszuwachsen. Nur, weil Sie sich für einen Weg entschieden haben, bedeutet das nicht, dass Sie auf Biegen und Brechen auf diesem Weg bleiben müssen, weil das von „Stärke“ zeugt. Sicherlich sollten Sie nicht bei dem ersten Hindernis aufgeben, doch, wenn Sie die Resilienz als Begleiter an Ihrer Seite haben, erkennen Sie mit ihr zusammen, ob der Weg für Sie der Richtige ist, oder nicht. Die wahre Stärke kommt dann zum Vorschein, wenn Sie sich möglicherweise eingestehen, doch einen anderen Weg gehen zu wollen, ohne den vorherigen Weg als Zeitverschwendung anzusehen. Sie haben dazugelernt, sind um Erfahrungen reicher geworden und Ihrem neuen Ziel einen Schritt nähergekommen.

Das Bewusstsein und die Anpassung

Manchmal kann Stärke für Menschen bedeuten, dass sie um jeden Preis zeigen müssen, dass Sie Veränderungen nicht beigeben und weiterhin beständig ihr Leben so leben, wie sie es gewohnt sind. Sicherlich spielt es im Leben eine wichtige Rolle, Entscheidungen bewusst zu treffen und sich nicht einfach jeder Situation hinzugeben, doch durch diese angebliche „Stärke“ stehen sich viele Menschen selbst im Weg, da sie sich nicht für neue Möglichkeiten öffnen und stur auf der Stelle stehen bleiben.

Resiliente Menschen hingegen betrachten die Situationen und Rahmenbedingungen unter dem Aspekt ihrer persönlichen Wünsche und Bedürfnisse, um Veränderungen somit so anzugehen, dass sie sich mit ihnen wohlfühlen und in ihnen gut zurechtkommen.

Bei all diesen Aspekten behalten Sie am besten im Hinterkopf, dass hier von einer bestimmten Definition der Stärke ausgegangen wird. In Wahrheit kann der Begriff „innere Stärke“ durchaus als Synonym für die Resilienz verwendet werden, da die Resilienz im Grunde genommen nichts anderes als Ihre persönliche innere Stärke ist.

Die Stärke, die sich jedoch von der Resilienz entscheidet, ist die Stärke, die davon ausgeht, dass:

- man keine Fehler zugeben darf

- man Emotionen unterdrücken muss
- man Veränderungen standhalten muss
- man seine Meinung unbedingt durchsetzen muss
- etc.

Diese Definition der Stärke, von denen die Beispiele aus den oberen Abschnitten ausgehen, unterscheidet sich deutlich von der Resilienz und den Aspekten, durch die sie sich auszeichnet.

Kapitel 2: Die Bausteine der Resilienz

Nachdem Sie nun verstanden haben, worum es sich bei der Resilienz handelt und, warum sie eine so wichtige Rolle in Ihrem Leben spielt, ist es nun an der Zeit, noch tiefer in dieses spannende und fundamentale Thema einzutauchen, um zu verstehen, aus welchen unterschiedlichen Bausteinen sich die Resilienz nun genau zusammensetzt.

Wie Sie bereits erfahren haben, fungiert die Resilienz mit all ihren verschiedenen Bausteinen als wichtiges und festes Fundament, auf dem Sie Ihr weiteres Leben aufbauen können. Nur durch ein festes, stabiles und sicheres Fundament haben Sie die Möglichkeit, ein stabiles, erfolgreiches und schönes Leben aufzubauen. Auf einem unsicheren Fundament kann kein sicheres Haus stehen.

Betrachten Sie also die einzelnen Bausteine der Resilienz genauer, tauchen Sie tief in jeden der einzelnen Bausteine ein und nutzen das Wissen, um schließlich Ihr eigenes Fundament namens Resilienz zu bauen. Behalten Sie immer im Hinterkopf, dass Sie Ihr Leben in Ihrer Hand haben. Sie sind der Bauleiter Ihrer Baustelle. Auf der einen Seite kann es durchaus ein bisschen Angst machen zu wissen, dass die Verantwortung für Ihr Leben einzig und alleine bei Ihnen liegt. Auf der anderen Seite ist es eine wundervolle Aufgabe und Chance, die Sie nutzen sollten, um Ihr Leben so zu gestalten, wie Sie sich das wünschen und vorstellen.

Lernen Sie die einzelnen Bausteine nun kennen und bauen sich Ihr Fundament der Resilienz nach und nach auf. Dieser Ratgeber wird die Arbeit nicht für Sie erledigen, doch er begleitet Sie auf Schritt und Tritt, gibt Ihnen eine Orientierung und ist die Hand, an der Sie sich auf Ihrer wundervollen Reise immer wieder festhalten können.

Bei den wichtigsten Bausteinen, die für die Resilienz eine fundamentale Rolle spielen, handelt es sich unter anderem um die Folgenden:

- Das Selbstbewusstsein und die Selbstakzeptanz
- Die Stressbewältigung und Entspannungstechniken
- Das positive Denken und der Optimismus
- Die soziale Unterstützung und Beziehungen

Neben diesen fundamentalen Bausteinen der Resilienz werden Sie auch etwas mehr über die Rolle von Social Media und die Gefahr der Sucht erfahren. Es ist nun einmal so, dass wir in einer digitalen Welt leben, in der die sozialen Medien mit zum Alltag gehören und somit ein nicht zu unterschätzendes Suchtpotenzial für die Nutzer mit sich bringen.

Tauchen Sie nun jedoch erst einmal tiefer in die einzelnen Bereiche der Resilienz ein und lernen, aus welchen Bausteinen sich das Fundament zusammensetzt.

Das Selbstbewusstsein und die Selbstakzeptanz

Haben Sie sich den Begriff „Selbstbewusstsein“ schon einmal etwas genauer angesehen? Viele Menschen wissen im Grunde genommen, was sich hinter dem Begriff versteckt, doch was bedeutet

„Selbstbewusstsein" wirklich? Selbstbewusstsein bedeutet, sich seiner selbst bewusst zu sein, sprich: zu wissen, welche Schwächen und welche Stärken man hat, über welche Fähigkeiten man verfügt, etc.

Nur, wer sich seiner selbst bewusst ist, sich mit sich selbst auseinandersetzt und seine eigenen Stärken und Schwächen kennt, kann Selbstbewusstsein entwickeln und selbstbewusst auftreten. Um das tun zu können, spielt es jedoch eine wichtige Rolle, sich selbst mit seinen Schwächen und Stärken zu akzeptieren. Demnach geht das Selbstbewusstsein Hand in Hand mit der Selbstakzeptanz.

Mit Sicherheit haben Sie sich auch schon dabei erwischt, wie Sie sich selbst beleidigt haben. Vielleicht reden Sie sich selbst auch in Grund und Boden und heben immer nur die augenscheinlich negativen Aspekte, die Ihnen nicht an Ihnen gefallen hervor. Wie wollen Sie Selbstbewusstsein in Ihr Leben lassen, wenn Sie sich selbst in einem so negativen Licht darstellen?

Der erste Schritt hin zu mehr Resilienz besteht also darin, sich selbst so zu akzeptieren, wie Sie sind, ohne zu werten und zu erkennen, wie wundervoll und einzigartig Sie mit all Ihren Stärken und Schwächen sind. Darauf basierend können Sie dann nach und nach Selbstbewusstsein entwickeln und auch die Selbstliebe nach und nach immer mehr in Ihr Leben einfließen lassen.

Sowohl das Selbstbewusstsein als auch die Selbstakzeptanz spielen für die Resilienz eine fundamentale Rolle, das Sie unglaublich wichtig für Ihre emotionale Gesundheit sind. Sie können keine gute Laune haben, wenn Sie sich mit sich selbst nicht wohlfühlen. Es fällt schwer, das Positive in Situationen zu sehen, wenn Ihr Fokus auf Ihren Schwächen liegt und Sie mit sich selbst nicht zufrieden sind. Sobald Sie Ihre Grundstimmung durch die Selbstakzeptanz und das Selbstbewusstsein ändern, wird es der Resilienz sehr viel leichter fallen, Platz am Tisch zu nehmen und nach und nach als fester Bestandteil in Ihr Leben zu ziehen.

Sehen wir uns diese beiden fundamentalen Aspekte einmal etwas genauer an, um ein noch besseres Gefühl für sie zu bekommen.

Das Selbstbewusstsein

Wie Sie nun schon wissen, bedeutet das Selbstbewusstsein nichts anderes, als die Tatsache, dass Sie sich Ihrer selbst bewusst sind. Sich Ihrer selbst bewusst zu sein bezieht sich dabei unter anderem auf Aspekte wie:

Schwächen
Stärken
Ziele
Werte
Fähigkeiten
Bedürfnisse
Wünsche

Sobald Sie sich Ihrer selbst bewusst sind, können Sie sich selbst sehr viel besser einschätzen. Sie können Entscheidungen besser treffen, sich Herausforderungen sehr viel bewusster annehmen und somit Ihr Leben selbst in die Hand nehmen und so ausrichten, dass es Ihren Wünschen und Vorstellungen entspricht.

Nur, wenn Sie wissen, wer Sie sind, was Sie ausmacht, was Sie können und was Sie wollen, können Sie entsprechende Entscheidungen treffen, um Ihre Ziele in Ihrem Leben zu erreichen.

Wie Sie bereits lesen konnten, gehen mit dem Selbstbewusstsein auch weitere Aspekte einher. Die Selbstakzeptanz, auf die wir gleich noch genauer eingehen wollen, ist einer dieser Aspekte. Doch auch weitere Punkte, wie zum Beispiel die Selbstliebe, die Selbstreflexion, das Selbstvertrauen und das Selbstwertgefühl, sind allesamt Punkte, die nach und nach gemeinsam mit dem Selbstbewusstsein in Ihr Leben ziehen werden.

Sobald Sie sich selbst akzeptieren und sehen, was für ein einzigartiger Mensch Sie sind, wird es Ihnen leichtfallen, sich selbst zu lieben und zu erkennen, was für einen unendlichen Wert Sie haben.

Mit Selbstbewusstsein legen Sie einen wichtigen Grundstein der Resilienz, da Sie in Ihrem eigenen Interesse handeln, sich selbst kennen, Ihre Wünsche und Bedürfnisse äußern und sicherstellen, dass Sie für sich den Weg wählen, der Sie zu Ihren Zielen führen wird.

Die Selbstakzeptanz

Wenngleich auch die anderen Aspekte, wie die Selbstliebe, die Selbstreflexion, das Selbstvertrauen und das Selbstwertgefühl, die Hand in Hand mit dem Selbstbewusstsein gehen, eine wichtige Rolle für Ihr Leben und auch für die Resilienz spielen, wollen wir vor allem die Selbstakzeptanz hervorheben.

Bevor Sie sich selbst lieben können, kommt die Akzeptanz. Es wäre utopisch zu behaupten, dass Sie, nachdem Sie die Zeilen dieses Ratgebers gelesen haben, nun nur so vor Liebe für sich selbst strotzen werden. Liebe braucht Zeit. Liebe muss reifen und sich entwickeln. Wenn Sie einen Großteil Ihres Lebens damit verbracht haben, sich selbst in einem negativen Licht zu sehen und nicht in Ihrem Interesse zu handeln, werden Sie das nur schrittweise ändern können. Der erste Schritt besteh in diesem Zusammenhang darin, sich selbst so zu akzeptieren, wie Sie sind, um sich dann lieben zu lernen.

Dass die Selbstakzeptanz mit dem Selbstbewusstsein verknüpft ist, basiert auf der Tatsache, dass Sie mit der Selbstakzeptanz all Ihre Schwächen und Stärken akzeptieren und sie bedingungslos annehmen. Fern ab von Selbstkritik und Urteil akzeptieren Sie sich selbst, was dann zu dem Selbstbewusstsein und nach und nach zu den anderen damit zusammenhängenden genannten Bestandteilen führt. Mit Ihrer Selbstakzeptanz erreichen Sie nicht nur ein tiefes Wohlbefinden und eine innere Ruhe, sondern auch eine wichtige Stabilität, die sie vor Ihren eigenen Selbstzweifeln und negativen Gedanken, die sich gegen Sie selbst richten, schützt. Sie wissen, was Sie können, sie kennen Ihren Wert und nehmen somit auch Rückschläge und Fehler nicht direkt persönlich oder als Anlass, sich selbst wieder einmal zu beleidigen.

Genau aus diesem Grund werden Sie im nächsten Kapitel alles über Strategien, Tipps und Hinweise erfahren, die Ihnen dabei helfen, mehr Selbstbewusstsein aufzubauen, um so diesen Teil des Fundaments für die Resilienz zu legen.

Behalten Sie in diesem Zusammenhang auch immer im Hinterkopf, dass es sich weder beim Selbstbewusstsein noch bei der Selbstakzeptanz um statische Eigenschaften handelt. Vielmehr stellen sie Eigenschaften dar, die Sie immer weiter entwickeln können. Die Arbeit an Ihnen selbst hört niemals auf und Sie können sich immer und immer wieder mit Ihrem Selbstbewusstsein beschäftigen.

Freuen Sie sich darauf, das Selbstbewusstsein und die Selbstakzeptanz gemeinsam mit den genannten Begleitern, die auf diese beiden Eigenschaften ebenfalls folgen werden, in Ihr Leben einzuladen und somit auch in schweren Zeiten standhaft zu bleiben und Ihre Ziele, Bedürfnisse und Wünsche stets im Auge zu behalten.

Die Stressbewältigung und Entspannungstechniken

Inzwischen haben Sie erfahren, dass es bei der Resilienz – wenngleich sie sich vor allem mit der Stressbewältigung beschäftigt – nicht nur alleine um Stress geht. Vielmehr geht es um Sie, Ihre Fähigkeiten, Bedürfnisse und Ihre persönliche innere Stärke.

Dennoch spielt der Stress natürlich eine fundamentale Rolle in Ihrem Leben, weshalb Sie für mehr Resilienz sicherlich auch das Wissen darüber haben sollten, wie Sie dem Stress am besten gegenübertreten, wie Sie ihn bewältigen und ihm mit Entspannungstechniken den Wind aus den Segeln nehmen können.

Sie leben in einer Welt, die von Schnelllebigkeit, Stress und Unruhe geprägt ist. Eine umso wichtigere Rolle spielen die Aspekte der Stressbewältigung und der Entspannungstechniken, die Ihnen dabei helfen, die Resilienz immer mehr in Ihre Leben zu integrieren.

Werfen wir einmal einen genaueren Blick auf diese beiden Aspekte.

Die Stressbewältigung

Hinter dem Begriff der Stressbewältigung verbirgt sich zunächst einmal die Fähigkeit, Stress identifizieren zu können. Denn nur, wenn Sie Stress identifizieren können, können Sie anschließend die entsprechenden Strategien anwenden, um diesen Stress zu bewältigen und ihn an der Quelle zu bekämpfen. Je mehr Sie sich mit Stress in Ihrem Leben beschäftigen und auseinandersetzen, umso mehr werden Sie dazu in der Lage sein, stressige Situationen direkt zu Beginn zu erkennen, ohne dem Stress die Möglichkeit zu geben, sich zu sehr auf Sie auszuwirken. Je mehr Resilienz Sie entwickeln umso mehr können Sie gesunde Bewältigungsmechanismen entwickeln und anwenden, um auf diese Weise sowohl Ihre psychische als auch Ihre physische Gesundheit zu schonen.

Zu beliebten und vor allem wirksamen Stressbewältigungs-Techniken gehören unter anderem die Folgenden:

Atemübungen

Haben Sie schon einmal festgestellt, dass sich Ihre Atmung in stressigen Situationen verändert? Ihr Atem wird kürzer und schneller und auch Ihr Herzschlag wird immer schneller. Dieser Umstand zeigt ganz deutlich, dass sich Stress auf die Atmung auswirkt und, dass der Stress und Ihre Atmung somit voneinander abhängig sind.

Sie können also den Spieß auch einfach umdrehen und somit Ihre Atmung bewusst kontrollieren, um so den Stress zu beeinflussen und ihn in seine Schranken zu weisen. Indem Sie Ihre Atmung bewusst kontrollieren, beruhigen Sie Ihren Körper und bauen Stress ab. Atemübungen, die Ihnen dabei helfen sind unter anderem die tiefe Bauchatmung oder die 4-4-4 Atmung, bei der sie für vier Sekunden durch die Nase einatmen, den Atem dann für 4 Sekunden anhalten und anschließend für 4 Sekunden aus dem Mund wieder ausatmen. Diese 4-4-4 Atmung ist vor allem in Situationen, in denen Sie merken, dass sich Stress ausbreitet und droht Oberhand zu nehmen, sinnvoll, um ruhig und gelassen zu bleiben.

Zeitmanagement

Kennen Sie auch die volle To-Do-Liste, auf der ein Punkt auf den anderen folgt und Ihnen somit keinen einzigen Moment zum Durchatmen gibt? Die Liste, die sich nie leert, sondern eher nur noch voller wird, weil immer neue Punkte zu ihr dazustoßen? Der Stress, der sich mit dem Blick auf die To-Do-Liste ausbreitet, basiert auf der Tatsache, dass sich viel zu viele Dinge auf Ihrer Liste befinden. Warum das so ist, kann unterschiedliche Gründe haben. Vielleicht können Sie schlecht „Nein“ sagen und übernehmen somit Aufgaben, die Sie eigentlich gar nicht übernehmen wollen oder, für die Sie vielleicht gar keine Zeit haben. Möglicherweise wollen Sie anderen Menschen einen Gefallen tun und übernehmen sich damit vollkommen.

Um dem Stress, der mit Ihren Aufgaben und Punkten auf der To-Do-Liste entgegenwirken zu können, spielt es für Sie eine wichtige Rolle, all die Aufgaben Ihrer Liste einmal übersichtlich aufzuschreiben. Anschließend können Sie sich die einzelnen Punkte ansehen und in verschiedene Dringlichkeitsstufen, bzw. Prioritätenstufen einteilen. Nehmen Sie sich für diese Aufgabe bewusst Zeit, um für sich herauszufinden, welche Aufgaben wirklich wichtig sind und somit Priorität haben. Sie werden staunen, wie viele Aufgaben sich auf Ihrer Liste befinden, die Sie eigentlich gar nicht machen müssten und, die keine große Wichtigkeit für Sie haben. Misten Sie Ihre To-Do-Liste aus, teilen die überbleibenden Aufgaben in Prioritäten-Stufen ein und nutzen somit Ihre Zeit optimal, um auf diese Weise Stress bewusst zu minimieren.

Positive Selbstgespräche

Sie haben bereits erfahren, was für eine wichtige Rolle eine positive Grundstimmung spielt und wieso Sie auf positive Gedanken und Sichtweisen Wert legen sollten, wenn Sie die Resilienz in Ihr Leben einladen wollen. Ein positives Mindset ist für Ihre Resilienz somit unabkömmlich und stellt einen fundamentalen Baustein Ihres

Resilienz-Fundamentes dar. Ein Aspekt des positiven Denkens, das das Kapitel 5 später genauer behandeln wird, kann jedoch ganz gezielt gegen Stress vorgehen, weshalb Sie darüber bereits jetzt mehr erfahren. Die Rede ist von den positiven Selbstgesprächen.

Kennen Sie die Situationen, in denen Sie kein gutes Wort an sich selbst lassen können und, in denen Sie sich selbst in Grund und Boden reden? Sie machen sich, ohne auch nur mit der Wimper zu zucken, klein und beleidigen sich mit einer erschreckenden Selbstverständlichkeit. Das alles trägt bei Weitem nicht dazu bei, dass Sie Stress besser bewältigen können. Um Stress besser in seine Schranken weisen zu können, können Sie anfangen, positive Selbstgespräche zu führen und sich bewusst selbst zu stoppen, wenn Sie sich dabei ertappen, schlecht über sich selbst zu reden. Sie werden in dem entsprechenden Kapitel mehr darüber erfahren, wie Sie es schaffen, die inneren Dialoge mit sich selbst positiver zu gestalten, um auf diese Weise Ihrem emotionalen Zustand zu stärken und Stress keine Chance mehr zu geben.

Grenzen setzen

Dass Sie so viel Stress in Ihrem Leben haben, kann unter anderem an der Tatsache liegen, dass sie zu wenig Grenzen setzen, wenn es um Ihre persönlichen Wünsche und Bedürfnisse geht. Indem Sie keine oder zu wenig Grenzen setzen, geben Sie Ihren Mitmenschen den Freifahrtschein dafür, Sie auszunutzen. Dass Sie keine Grenzen setzen, kann unter anderem daran liegen, dass Sie vielleicht gar nicht wissen, was Ihre Bedürfnisse und Ihre Wünsche sind, weshalb diese Reise zur Resilienz noch wertvoller für Sie ist. Denn Sie lernen sich selbst wieder besser kennen, finden heraus, wo Ihre Grenzen liegen und wo Ihre Bedürfnisse liegen. Sie lernen Ihren Selbstwert kennen und erfahren, dass das Setzen und Bewahren von Grenzen nicht gegen Ihre Mitmenschen geht, sondern für Ihr Wohlbefinden, Ihre Ruhe und Ihre Entspannung sorgt. Aus diesem Grund lernen Sie unter anderem, wie Sie Ihre persönlichen Grenzen erkennen und anschließend kommunizieren können. Nur auf diese Weise können Sie sich um sich selbst kümmern und auch die zwischenmenschlichen Beziehungen in Ihrem Leben fördern und pflegen.

All diese genannten Strategien der Stressbewältigung helfen Ihnen bei der Reduktion des Stresses in Ihrem Leben. Nach und nach dürfen Sie sich darüber freuen, sich selbst immer besser kennenzulernen und somit auch viel einfacher und effektiver selbst regulieren zu können. Je besser Sie sich selbst kennen und sich Ihrer Wünsche und Bedürfnisse, sowie Ihrer Grenzen bewusst sind, umso effektiver können Sie in stressigen Situationen einen klaren Kopf behalten und den Stress in seine Schranken weisen – ziehen Sie dem Stress gegenüber klare Grenzen. Bis hier hin und nicht weiter!

Entspannungstechniken

Neben den Strategien, die Ihnen bei der Stressbewältigung bzw. bei Ihrem Stressmanagement helfen, sollten Sie nie die bewusste Entspannung aus den Augen verlieren. Ich möchte, dass Sie für einen Moment innehalten und:
Ihren Kiefer entspannen.
Ihre Schultern senken
Ihre Gesichtsmuskeln entspannen

Wie fühlt sich das an? Merken Sie, wie angespannt Sie die ganze Zeit hinweg sind? Sehen Sie, wie sehr sich der Stress und die Anspannung bereits in Ihr Leben integriert haben? Selbst in diesem Moment, in dem Sie diese Zeilen lesen und sich Zeit für sich nehmen, haben Sie die Anspannung weiterhin als Ihren Begleiter.

Um diesen Zustand zu ändern, haben Sie die Möglichkeit unterschiedliche Entspannungstechniken in Ihren Alltag zu integrieren. Auf diese Weise bitten Sie nicht nur die Anspannung zur Tür hinaus, sondern Sie setzen dem Stress gegenüber das klare Zeichen, dass Sie der Herr oder die Frau im Haus sind und die Kontrolle haben. Sie wollen bewusst entspannen!

Durch die Entspannungstechniken, die Sie in diesem Ratgeber kennenlernen werden, holen Sie sich nicht nur Entspannung in Ihren Alltag, sondern Sie stärken zu derselben Zeit Ihre Resilienz. Sie bringen Geist und Körper in einen Zustand der Ruhe, Entspannung und Gelassenheit und kommen somit in den Genuss, sich rundum wohlzufühlen. Vielleicht haben Sie schon einmal etwas von Psychosomatik gehört. Hinter diesem Begriff steckt die Verbindung zwischen der psychischen und der physischen Gesundheit. Sind Sie gestresst und hat der Stress das Steuer Ihres Autos in die Hand genommen, wirkt sich das auch auf Ihre physische Gesundheit aus. Andersherum geht es Ihnen psychisch nicht gut, wenn es Ihnen physisch nicht gut geht. Mit Entspannungsübungen wie zum Beispiel:
Atemtechniken
Progressive Muskelentspannung
Meditation
Yoga
Achtsamkeitsübungen
fördern Sie sowohl die psychische als auch die physische Gesundheit, womit Sie auch das Risiko stressbedingter gesundheitlicher Probleme erheblich senken.

Freuen Sie sich in dem Laufe des Ratgebers unter anderem darauf, tiefer in diese Entspannungstechniken einzutauchen, sie genauer kennenzulernen und auf diese Weise den Stress zu reduzieren. Finden Sie zurück zu Ihrer inneren Ruhe und kommen zu der Fähigkeit, sich selbst besser kennen zu lernen und sich somit selbst regulieren zu können.

Das positive Denken und der Optimismus

Kennen Sie das? Eine kleine Sache geht schief und läuft nicht so, wie Sie sich das vorstellen und auf einmal haben sich dicke Regenwolken über den Sonnenschein gesehen. Diese Regenwolken bestimmen nun den ganzen Tag und, auch wenn Ihnen zahlreiche schöne und gute Dinge widerfahren, liegt ihr Fokus auf all den negativen Aspekten. Am Ende des Tages haben Sie das Gefühl, als sei dieser Tag mal wieder der schrecklichste Tag in Ihrem Leben gewesen und nach Murphys Gesetz war mal wieder alles schiefgegangen, was nur schiefgehen konnte.

Sie sind so in dem Pessimismus versunken, dass Sie gar nicht merken, wie viele schöne Dinge Ihnen Tag für Tag widerfahren. Dieser Pessimismus verstärkt die Auswirkungen, die Stress auf Sie und Ihren Alltag hat, da er sie Dinge, die vielleicht etwas unangenehmer sind, viel negativer erfahren lässt, als sie eigentlich sind.

Aus diesem Grund spielt es in dem Rahmen der Resilienz eine so wichtige Rolle, sich im positiven Denken und im Optimismus zu üben. Je positiver Sie denken und je optimistischer Sie werden, umso mehr wird auch Ihre innere Stärke wachsen und sich somit immer weiterentwickeln. Wenn Sie vor einer Herausforderung stehen und mit negativen Gedanken und Pessimismus an diese Herausforderung herangehen, werden Sie nur Gründe finden, warum Sie diese Herausforderung nicht schaffen können.

Holen Sie sich allerdings positive Gedanken und Optimismus ins Boot, verschwinden die grauen Regenwolken und Sie können durch das warme Licht der Sonne endlich all die Möglichkeiten und Chancen sehen, die mit der Herausforderung einhergehen.

In negativen Situationen weiterhin einen Blick auf das Positive richten zu können, anstatt sich von dem Pessimismus und den negativen Gedanken in eine Negativspirale ziehen zu lassen, spielt für die Resilienz eine fundamentale Rolle. Umso wichtiger ist es für Sie zu lernen, wie Sie Ihre Gedanken positiv ausrichten und den Optimismus an der Stelle des Pessimismus in Ihr Leben holen.

Das Positive Denken

Wie wichtig das positive Denken für Ihre Resilienz ist, haben Sie inzwischen erfahren. Doch was hat es mit dieser inneren Einstellung überhaupt auf sich? Wie kommen Sie zu einem positiven Mindset, mit dem Sie auch in Krisensituationen und unter Stress einen klaren Kopf behalten und dem Sog der Negativ-Spirale widerstehen?

Bei dem positiven Denken handelt es sich um Ihre innere Haltung, die Sie dabei unterstützt optimistisch zu bleiben und bei Herausforderungen nicht direkt das Handtuch zu schmeißen und all die negativen Aspekte zu beleuchten. Es bedeutet aber auch nicht, sich alles schönzureden und toxisch positiv zu sein.

Toxisch positiv zu sein bedeutet, fernab von der Realität negative Ereignisse zu leugnen, Probleme zu ignorieren und allgemein so zu tun, als bestünde die Welt ausschließlich aus Regenbögen, Glitzer, Sonnenschein und bunten Farben. Behalten Sie immer im Hinterkopf, dass ein Regenbogen aus Sonne und Wasser entsteht und, dass eine Blume sowohl die Sonnenstrahlen als auch die Regentropfen braucht, um Wachsen und Gedeihen zu können. Auf das Leben übertragen bedeutet das, dass Sie negative Situationen erleben werden. Sie müssen sich diese Situationen nicht schönreden, sollten aber durch Ihre allgemein positive Grundstimmung den Blick auf das Positive nicht verlieren und weiterhin Chancen und Möglichkeiten in den einzelnen Situationen sehen.

Das bedeutet, dass es Ihnen mit Ihrer inneren positiven Einstellung gelingt, Herausforderungen konstruktiv zu betrachten und das Beste aus ihnen zu machen.

Sicherlich kommen Sie nicht von heute auf morgen zu einer positiven Einstellung, doch mit den folgenden Tipps und Übungen integrieren Sie den Optimismus nach und nach immer mehr in Ihr Leben, sodass sich Stück für Stück auch Ihre innere Einstellung ändert.

Eine wichtige Rolle für den Optimismus und das positive Denken spielen dabei unter anderem:

- die Umstrukturierung negativer Gedanken
- die Förderung des Selbstmitgefühls
- die Dankbarkeit

Natürlich gibt es auch weitere Übungen, die Sie dabei unterstützen, zu einer positiven Grundeinstellung zu gelangen, doch diese drei fundamentalen Übungen gehören auf jeden Fall mit zu den Grundübungen, die Sie mit in Ihren Alltag integrieren sollten. Sie lernen diese Übungen hier nun kurz kennen, werden im Kapitel 5 jedoch tiefer in diese eintauchen und lernen, wie sie diese effektiv in Ihren Alltag integrieren können.

Die Umstrukturierung negativer Gedanken

Bei der Umstrukturierung der negativen Gedanken geht es darum zu lernen, wie Sie negative Denkmuster erkennen und anschließend umwandeln können. Schließlich müssen Sie sich erst eines negativen Denkmusters bewusst sein, bevor Sie es in eine positive Aussage umwandeln können. Auf diese Weise gewinnen Sie die Kontrolle über Ihre Gedanken zurück und lernen Ihre Reaktion auf Herausforderungen und Stresssituationen zu kontrollieren

Die Förderung des Selbstmitgefühls

Es besteht ein großer Unterschied zwischen Selbstkritik und Selbstbeleidigung. Leider verfallen viele Menschen in das Muster, sich selbst zu beleidigen und klein zu machen, wenn etwas schiefläuft. Alternativ werden die Sternenkonstellation oder der Fuß, mit dem Sie das Bett als erstes verlassen haben, zur Verantwortung gezogen, weil der Tag nicht so verlaufen ist, wie Sie das gerne wollten. In diesem Fall spielt es für Sie eine wichtige Rolle, zu beobachten, wie Sie mit sich selbst umgehen und welche Aussagen Sie sich selbst gegenüber treffen. Indem Sie lernen, sich selbst mit mehr Mitgefühl zu behandeln, wird es Ihnen auch leichter fallen, das positive Denken als Grundstimmung in Ihrem Leben zu etablieren. Ganz nebenbei wachsen auf diese Weise auch Ihre Resilienz und Ihr Selbstwertgefühl.

Die Dankbarkeit

Dankbarkeit ist der Schlüssel zum Erfolg. Das klingt im ersten Moment komisch, ist jedoch so. Wie wollen Sie neue, wundervolle Dinge in Ihrem Leben willkommen heißen, wenn Sie nicht dankbar für das sind, was Sie haben und, wenn Sie all die wunderschönen Dinge, die Ihnen

Tag für Tag widerfahren, nicht sehen und wertschätzen können? Je mehr Sie sich in der Dankbarkeit üben, umso leichter wird es Ihnen fallen, positiv zu denken und sich auf die positiven Erlebnisse und Dinge in Ihrem Leben zu konzentrieren, anstatt sich auf die negativen Aspekte festzufahren. Sie werden sehen, wie viele schöne Dinge Ihnen tagtäglich widerfahren und somit eine rundum optimistischere Einstellung erreichen.

Der Optimismus

Der Optimismus, der Hand in Hand mit dem positiven Denken geht, unterstützt Sie dabei zu der Überzeugung zu gelangen, dass Ihnen positive Dinge widerfahren werden. Pessimisten fühlen sich oft ihrem eigenen Leben hilflos ausgesetzt. Sie haben das Gefühl, keine Kontrolle zu haben, alles und jeden gegen sich zu haben und somit Opfer des Schicksals zu sein.

Sobald der Pessimismus dem Optimismus weicht, werden Sie jedoch feststellen, wie sich Ihr Blickwinkel ändern wird. Auf einmal werden Sie sehen, dass Sie die Macht über Ihr Leben haben. Sie können die Entscheidungen treffen, die Sie zu dem Leben bringen, das Sie leben wollen. Herausforderungen und Probleme sind auf einmal lösbar, Misserfolge bringen Ihnen neue Erfahrungen und allgemein können Sie das Leben viel mehr genießen, weil Sie sich nicht mehr als Opfer Ihres Schicksals sehen. Sie sind Ihr Schicksal. Sie bestimmen Ihr Leben. Kommen Sie durch den Optimismus in Ihre Kraft und erkennen Sie die Macht, die Sie besitzen. Sobald Sie diese Erkenntnis durch den Optimismus erreichen, werden Sie deutlich resilienter sein und vollkommen anders mit Stress, Herausforderungen, Rückschlagen und Problemen umgehen.

Zusammengefasst stellen das positive Denken und der Optimismus zwei fundamentale Schlüsselkomponenten bezüglich eines erfüllten und widerstandsfähigen Lebens dar. Freuen Sie sich darauf, im Kapitel 5 genauer zu erfahren, wie Sie das positive Denken und den Optimismus in Ihr Leben integrieren können.

Die soziale Unterstützung und Beziehungen

Sie haben bereits erfahren, dass Menschen Herdentiere sind. Das bedeutet, dass Menschen ohne die Gesellschaft anderer Menschen auf Dauer nicht Leben können. Das impliziert also auch die Wichtigkeit der zwischenmenschlichen Beziehungen, die Sie während Ihres Lebens haben.

Tatsächlich stellen die soziale Unterstützung und die zwischenmenschlichen Beziehungen das Herzstück der Resilienz dar, was erneut auf die stressige und schnelllebige Zeit zurückzuführen ist, in der wir leben. In dieser Zeit stellen soziale Verbindungen einen wichtigen Schutzmechanismus und zu derselben Zeit einen fundamentalen Teil Ihres Wohlbefindens – sowohl aus psychischer als auch emotionaler Sicht betrachtet – dar.

Eine umso wichtigere Rolle spielt es also für Sie, sich um Ihre zwischenmenschlichen Beziehungen zu kümmern und auch besser zu verstehen, was es mit der sozialen Unterstützung genau auf sich hat.

Die soziale Unterstützung

Unter den Deckmantel der sozialen Unterstützung fallen unterschiedliche Aspekte. Unter anderem zählen zu ihr:

- Hilfe von Freunden, der Familie oder von anderen sozialen Netzwerken
- Praktische Hilfe
- Emotionale Unterstützung
- Ratschläge
- Das Gefühl der Verbundenheit, der Zugehörigkeit und des Miteinanders

In dem Rahmen dieser sozialen Unterstützung spielen ein paar Grundpfeiler eine grundliegende Rolle. Es handelt sich hierbei um die Folgenden:

<u>Die Kommunikation</u>

Sie haben mit Sicherheit schon einmal etwas von der Aussage „Sich etwas von der Seele reden" gehört. Dabei handelt es sich jedoch nicht einfach nur um einen Spruch. Vielleicht haben Sie auch schon einmal festgestellt, dass Sie sich leichter fühlen, wenn Sie mit jemandem über Dinge gesprochen haben, die Sie traurig machen, die Ihnen Angst machen und/oder die Sie belasten. Wer alles zurückhält und unterdrückt, kann sich sogar richtig krank machen. Das ist auch der Grund dafür, dass die soziale Unterstützung ein so fundamentaler Bestandteil Ihrer Resilienz darstellt.

Haben Sie Freunde und Verwandte in Ihrem Leben, mit denen Sie über Dinge sprechen können, stärkt das Ihre Resilienz, da Sie sich diese Dinge von der Seele reden können. Möglicherweise finden sich in den Gesprächen auch Lösungen, da jeder Mensch eine andere Sichtweise auf Dinge hat und mit anderen Erfahrungen und Ansätzen an Problemlösungen herangeht.

Für die offene und ehrliche Kommunikation spielt es eine wichtige Rolle, aufmerksam zuzuhören, Empathie zu zeigen und klar die eigenen Wünsche, Gefühle und Bedürfnisse zu kommunizieren.

Die Entwicklung enger Beziehungen

Wer sich sicher fühlt, trifft sehr viel sicherer Entscheidungen und geht entschlossener durch das Leben. Das wirkt sich natürlich auch auf die Resilienz aus. Aus diesem Grund spielt es für Sie eine fundamentale Rolle sicherzustellen, dass Sie enge Beziehungen in Ihrem Leben haben. Allerdings spielt dabei der Spruch „Qualität vor Quantität" eine wichtige Rolle. Denn es geht nicht darum, so viele Beziehungen wie möglich zu haben, sondern sich einen kleinen Kreis an Menschen im Leben zu schaffen, auf den Sie zählen und vertrauen können.

Um Hilfe bitten und Hilfe anbieten

Für zwischenmenschliche Beziehungen spielt es eine wichtige Rolle, um Hilfe zu bitten und Hilfe anzubieten. Sobald Sie verstehen, dass es absolut keine Schande ist, Hilfe zu brauchen und die Tatsache, dass Sie wissen, wenn sie Hilfe brauchen und sich diese Hilfe auch suchen, ein Zeichen großer innerer Größe und Stärke ist.

In diesem Zusammenhang erfahren Sie im Laufe dieses Ratgebers, wie Sie Ihre eigenen Bedürfnisse erkenne und anschließend an Angehörige und andere Menschen, die in Ihrem Leben eine wichtige Rolle für Sie spielen, kommunizieren können.

Die zwischenmenschlichen Beziehungen

Im Grunde genommen fallen die zwischenmenschlichen Beziehungen unter den Punkt der sozialen Unterstützung. Um soziale Unterstützung in Ihrem Leben zu erhalten, brauchen Sie das Fundament der zwischenmenschlichen Beziehungen in Ihrem Leben.

Dabei umfasst der Begriff „zwischenmenschliche Beziehungen“ alles rund um Beziehungen:

- innerhalb der Familie
- mit Freunden
- in romantischer Hinsicht

All diese Beziehungen haben einen großen Einfluss auf die Entwicklung Ihrer Resilienz. Grund dafür ist, dass die zwischenmenschlichen Beziehungen emotionalen Halt, Verbundenheit und auch die Gewissheit, nicht alleine zu sein, geben. Diese Aspekte spielen vor allem in belastenden Situationen, wie bei großen Herausforderungen eine nicht zu unterschätzende Rolle.

Um Ihre zwischenmenschlichen Beziehungen zu pflegen, gibt es einige Punkte, die Sie diesbezüglich im Hinterkopf behalten sollten.

Die effektive Konfliktbewältigung

Möglicherweise haben Sie schon einmal etwas von der Aussage gehört, dass in einer Beziehung, in der es niemals zu Streit kommt, etwas nicht stimmt. Sicherlich sollte eine zwischenmenschliche Beziehung nicht ausschließlich von Streit geprägt sein. Doch, da jeder Mensch anders ist und seine ganz persönlichen Wünsche, Bedürfnisse und Vorstellungen hat, ist es normal und richtig, dass es ab und an zu Meinungsverschiedenheiten innerhalb der Beziehung kommt. Kommt es nie zu Meinungsverschiedenheiten liegt die Vermutung nahe, dass sich eine Seite stark zurückhält und sich und seine Bedürfnisse, Wünsche und Meinungen unterdrückt.

In einer gesunden Beziehung ist es also normal, dass es zu Konflikten kommt. Wichtig ist es zu wissen, wie der Umgang mit diesen Konflikten am besten abläuft. Aus diesem Grund lernen Sie im Namen der Resilienz, wie Sie am besten Konflikte konstruktiv bewältigen und gemeinsam mit der anderen Seite zu einer – für beide Seite – zufriedenstellenden Lösung kommen.

Das Setzen gesunder Grenzen

Grenzen spielen im Leben eine fundamentale Rolle. Es ist wichtig, dass Sie Ihre Grenzen kennen, um sich auf diese Weise für sie einsetzen und sie durchsetzen zu können. In gesunden Beziehungen stellt es kein Problem dar, seine eigenen Grenzen aufzuzeigen – ist das nicht der Fall und hat eine Seite Probleme mit den Grenzen der anderen Seite, zeugt das nicht von einer gesunden Beziehung auf Augenhöhe. Um sich selbst vor Stress schützen zu können, lernen Sie, wie Sie Ihre eigenen Grenzen erkennen und anschließend klar kommunizieren.

All diese Aspekte spielen für Ihre Resilienz aus diesem Grund eine so wichtige Rolle, weil Ihre sozialen Beziehungen einen direkten Einfluss auf die Weise haben, wie Sie auf stressige Situationen reagieren.

Ihre sozialen Beziehungen wirken sich direkt auf Ihre:

- Kommunikation
- Lösungsfindung
- Grenzen-Setzung

aus und haben somit auch einen Einfluss auf Ihre Resilienz.

Die Rolle von Social Media und die Gefahr der Sucht

Mit großer Wahrscheinlichkeit besitzen Sie ein Smartphone und/oder einen Computer und verbringen mit diesen Geräten Zeit im Internet und auf den Sozialen Medien. Die Sozialen Medien stellen, wie so viele Dinge, ein Fluch und ein Segen in einem dar, da sie sowohl positive als auch negative Aspekte mit sich bringen.

Über die sozialen Medien können Sie beispielsweise in Kontakt mit Freunden und Verwandten bleiben, die weit weg wohnen. Sie können sich über Neuigkeiten informieren, Informationen austauschen und somit in den Genuss vieler positiver Aspekte der sozialen Medien kommen.

Da die sozialen Medien in der heutigen Zeit eine so große Rolle im Leben vieler Menschen spielen, wirken sie sich aber auch direkt auf die psychische Gesundheit und auf die Resilienz aus. Aus diesem Grund behalten Sie am besten immer im Hinterkopf, dass auch die sozialen Medien eine Medaille mit zwei Seiten darstellen und Sie die Gefahr, die von ihnen ausgeht, niemals unterschätzen sollten.

Eine der wohl größten Gefahren in diesem Zusammenhang stellt die Gefahr der Sucht dar. Vielleicht haben Sie auch schon einmal nur einen kurzen Blick auf die sozialen Medien geworfen, nur um anschließend festzustellen, dass Stunden vergangen sind. Durch die Wucht an Informationen und die vielen Möglichkeiten, die die sozialen Medien mit sich bringen, merken viele Anwender oft gar nicht, wie die Zeit vergeht und wie sie nach und nach nicht mehr ohne die sozialen Medien können.

Schnell macht sich der Drang danach breit, alle paar Minuten nachzusehen, ob es etwas Neues gibt, womit auch das Bedürfnis danach, ständig online zu sein, wächst.

Was dabei vollkommen in den Hintergrund gerät, ist die Tatsache, dass es sich bei den sozialen Medien um eine Scheinwelt handelt, in der die

Anwender nur das preisgeben, was sie preisgeben wollen – das perfekte Leben, die perfekte Familie, der perfekte Job.

Mit dieser scheinbar perfekten Welt vergleichen sich die anderen Nutzer, wobei sie natürlich immer schlecht abschneiden – wer hat schon das perfekte Leben? Die Antwort auf diese Frage lautet: niemand.

Die Momentaufnahmen, die Nutzer auf den sozialen Medien teilen, sagen nichts über den Rest des Lebens des Nutzers aus. Der perfekte aufgeräumte Teil des Wohnzimmers zeigt nicht, wie der Rest der Wohnung aussieht und niemand weiß, welche Spannungen und Konflikte sich hinter den lächelnden Gesichtern der Arbeitskollegen befinden – niemand weiß, was wirklich in dem Leben der Nutzer der sozialen Medien vor sich geht, weshalb es gefährlich ist, sein eigenes Leben mit dem Leben der Scheinwelt zu vergleichen.

Wer sein Leben mit der angeblich perfekten Welt auf Social Media vergleicht, tut sich und seiner Resilienz keinen Gefallen. Aus diesem Grund ist es für Sie und für Ihre Resilienz wichtig, zu dem Bewusstsein zu kommen, dass die Welt auf Social Media eine Scheinwelt ist und nicht die Realität darstellt.

Gemeinsam mit diesem Bewusstsein ist es zudem wichtig, dass Sie folgende Aspekte berücksichtigen, um somit die Resilienz immer mehr in Ihr Leben zu holen.

Die Analyse Ihres Konsums

In Ihrem Leben bringt es nichts, wenn Sie sich selbst belügen und sich Dinge schönreden. Ihr Leben ist kein Mathetest, bei dem Sie beim Banknachbarn spicken können und es stellt kein Schaufenster dar, das ausschließlich dem Zweck dient, virtuelle Anerkennung durch „Likes“ zu bekommen.

Ihr Leben ist einzigartig und lebenswert. Ihr Leben liegt in Ihrer Hand – nicht in dem Telefon, mit dem Sie auf Social Media unterwegs sind. Es spricht nichts dagegen, sich die Zeit auf Social Media zu vertreiben, Fotos zu teilen und sich über die Likes unter dem eigenen Beitrag zu freuen. Allerdings sollten Sie Ihren Konsum immer im Auge behalten und für sich analyisieren, wie viel Zeit sie auf Social Media verbringen. Stellen Sie diese Zeit in Verhältnis zu anderen Aktivitäten, die Sie täglich machen und stellen Sie sich die Frage, ob Sie ein gesundes Konsumverhalten aufweisen oder möglicherweise bereits in die Sucht geraten sind.

Das Setzen gesunder Grenzen

Sie sind in dem Laufe der vergangenen Seiten bereits öfter auf die Grenzen gestoßen. Das liegt an dem Grund, dass Grenzen in Ihrem Leben eine unglaublich wichtige Rolle spielen. Grenzen schützen Sie und unterstützen Sie in Ihrer Resilienz, da sie Ihre Grenzen in Bezug auf Ihre persönlichen Bedürfnisse und Wünsche setzen. In Bezug auf die sozialen Medien bedeutet das, dass Sie sich selbst Grenzen bezüglich der Nutzung setzen und sich anschließend auch an diese Grenzen halten.

Die digitale Entgiftung

Es fällt nicht leicht, auf die Technik zu verzichten und dem Drang danach, auf die sozialen Medien zu schauen, um zu prüfen, welche Neuigkeiten dort wiederzufinden sind, zu widerstehen. Stellen Sie für sich fest, dass Sie immer wieder auf den sozialen Medien unterwegs sind und dort Stunde um Stunde verbringen, ohne zu merken, wie die Zeit vergeht, ist das ein guter Anhaltspunkt, um eine Pause einzulegen und für einige Zeit vollkommen auf die sozialen Medien zu verzichten. Wie können Sie sich die Zeit ohne die sozialen Medien verbringen?

Nutzen Sie die Zeit der digitalen Entgiftung und lenken Ihre Aufmerksamkeit in der Zeit auf Ihre echten Beziehungen, echte Aktivitäten und Ihre psychische Gesundheit.

Es geht dabei keinesfalls darum, die sozialen Medien schlecht zu reden oder ihnen den schwarzen Peter zuzuschieben. Die Menge macht – auch in Bezug auf die sozialen Medien – das Gift. Ein gesunder Umgang mit den verschiedenen Angeboten der sozialen Medien geht somit Hand in Hand mit der Entwicklung Ihrer Resilienz. Denn der Aufenthalt auf den sozialen Medien sollte Spaß machen und nicht für Druck und Stress sorgen.

Setzen Sie sich aus diesem Grund kritisch mit den sozialen Medien auseinander und gehen verantwortungsbewusst mit ihnen um, um auf diese Weise negative Auswirkungen zu minimieren und positive Aspekte zu nutzen.

Sie haben nun viel über die einzelnen Schlüsselfaktoren erfahren, die für die Entwicklung Ihrer Resilienz eine fundamentale Rolle spielen. Dieses theoretische Wissen, das Sie nun bezüglich dieser einzelnen Faktoren haben, unterstützt Sie in den kommenden Kapiteln nun dabei, die Strategien effektiv in Ihren Alltag zu integrieren. Sie wissen, welche Bedeutung die einzelnen Schlüsselpunkte haben. Setzen Sie sie nun mit den kommenden Kapiteln bzw. auf den nächsten Weges-Abschnitten Ihrer Reise in die Tat um und sehen dabei zu, wie die Resilienz immer mehr in Ihren Alltag einzieht, bis sie früher oder später zu einer festen Konstante in ihm wird.

Kapitel 3: Selbstbewusstsein aufbauen

Was für eine wichtige Rolle das Selbstbewusstsein in dem Rahmen Ihrer Resilienz spielt, wissen Sie bereits. Sie sind auch mit den Grundlagen des Selbstbewusstseins vertraut, weshalb Sie in Ihrer Reise zu Ihrer Resilienz nun an dem Punkt angekommen sind, an dem Sie tiefer in das Thema eintauchen und lernen, wie Sie nach und nach immer mehr Selbstbewusstsein aufbauen können, sodass das Fundament für die Resilienz immer mehr Form annimmt.

Freuen Sie sich auf praktische Tipps, Übungen und Strategien, die Sie in Ihr Leben integrieren können und gehen Sie einen weiteren Schritt nach vorne auf dieser spannenden, einzigartigen und wundervollen Reise.

Die Selbstreflexion und die Selbstwahrnehmung

Um sich Ihrer selbst bewusstwerden und auf diese Weise Selbstbewusstsein aufbauen zu können, ist es wichtig, dass Sie dazu in der Lage sind, sich selbst zu reflektieren und sich selbst zu verstehen. Die Weise, wie Sie sich selbst wahrnehmen, wirkt sich unmittelbar auf Ihr Selbstbewusstsein und folglich auch auf Ihre Resilienz aus.

Erst, wenn Sie sich Ihrer Stärken, Ihrer Schwächen, Ihrer Wünsche und Ihrer Bedürfnisse bewusst werden, können Sie Selbstbewusstsein entwickeln. Lernen Sie sich selbst besser kennen, um somit den Grundstein für das Vertrauen in sich selbst zu legen. Vertrauen Sie sich selbst, Ihren Stärken, Ihren Bedürfnissen und Ihren Grenzen und lernen, dass Sie so wie Sie sind genau richtig sind.

Verstehen Sie, dass Ihre persönlichen Grenzen valide sind und lernen Sie, dass alle Emotionen in Ihrem Leben einen Platz haben und zu Ihnen dazugehören – sowohl positive als auch negative Gefühle. Indem Sie bewusst Platz für diese Gefühle, Grenzen und Bedürfnisse schaffen, lernen Sie sich selbst besser kennen. Sie verstehen sich selbst, Ihre Entscheidungen und Reaktionen besser und können somit gezielt daran arbeiten, die Resilienz in Ihrem Leben wachsen zu lassen.

Für diese Zwecke ist es wichtig zu verstehen, was sich hinter der Selbstreflexion und der Selbstwahrnehmung jeweils verbirgt und, was Sie sich darunter vorstellen dürfen.

Die Selbstreflexion

Ein Spiegelbild gibt genau das wieder, was auf die Oberfläche trifft – ohne Filter und ohne bestimmte Bereiche zu verdecken – es reflektiert also gnadenlos.

Genau so können Sie sich die Selbstreflexion vorstellen – Wenn Sie sich, Ihr Verhalten, Ihre Gedanken und Ihre Emotionen reflektieren, setzen Sie sich mit ihnen auseinander, anstatt sie zu unterdrücken oder sie unter einem Filter zu verstecken.

Stellen Sie sich die Selbstreflexion wie ein Selfie vor, das sie machen – ganz ohne Schönheitsfilter zu verwenden oder auf Bearbeitungsprogramme zu vertrauen. Sie machen ein ganz normales, natürliches Selfie, das Sie so zeigt, wie Sie sind.

Vermutlich fällt es anfangs schwer, sich ohne Filter und Bearbeitungen im Spiegelbild anzusehen und sich intensiv mit sich selbst auseinanderzusetzen – vor allem dann, wenn Sie Jahre Ihres Lebens damit verbracht haben, Gefühle und Bedürfnisse zu unterdrücken. Aus diesem Grund können Sie ein paar einfache Strategien in Ihr Leben integrieren, die Sie Schritt für Schritt bei der Selbstreflexion unterstützen und Ihnen somit dabei helfen, die Resilienz in Ihrem Leben zu stärken:

- Führen Sie ein Tagebuch, in dem Sie all Ihre Gefühle, Emotionen und Gedanken festhalten, ohne sie zu verfälschen. Sie schreiben das Tagebuch für sich und nicht für andere Menschen. Sie müssen niemanden beeindrucken oder von sich überzeugen, in dem Sie Dinge verschweigen oder schönreden. Werden Sie sich darüber bewusst, dass Sie so wie Sie sind einzigartig, wertvoll und wunderbar sind. Sie müssen sich nicht verstellen und Sie müssen keinen Filter nutzen, um es anderen Recht zu machen. Seien Sie bei den Einträgen in Ihr Tagebuch ehrlich zu sich selbst, um auf diese Weise einen Überblick über Ihre Verhaltensmuster, Denkmuster und Reaktionen in bestimmten Situationen zu erhalten.
- Stellen Sie sich selbst Fragen, wenn Sie merken, dass Sie möglicherweise immer und immer wieder eine bestimmte Herausforderung meiden. Fragen Sie sich bewusst nach dem „Warum" und gehen Ihrem Grund auf die Schliche. Möglicherweise kommen Sie nicht direkt beim ersten Mal auf die wahre Antwort, doch Sie werden feststellen, dass Sie sich dem Grund nach und nach – je öfter Sie sich die Frage stellen und je mehr Sie sich ihr widmen – nähern werden.
- Holen Sie sich Feedback von Menschen ein, denen Sie vertrauen und, die in Ihrem Leben eine wichtige Rolle spielen. Andere Menschen in Ihrem Umfeld haben noch einmal einen anderen Blick auf Ihre Reaktionen und auf Ihr Verhalten. Nutzen Sie das Feedback jedoch nicht, um sich zu verstellen und Ihr Verhalten anderen zu Liebe anzupassen, sondern verstehen Sie es vielmehr als Unterstützung für Ihre Selbstreflexion. Bekommen Sie ein Bild darüber, wie andere Menschen Sie wahrnehmen und nutzen dieses Bild dafür, sich noch intensiver mit sich selbst auseinanderzusetzen.

Die Selbstwahrnehmung

Der zweite Teil, der für die Entwicklung des Selbstbewusstseins eine fundamentale Rolle spielt, ist die Selbstwahrnehmung. Je mehr Sie sich mit der Selbstreflexion und der Selbstwahrnehmung auseinandersetzen, umso mehr werden Sie feststellen, dass diese beiden Aspekte Hand in Hand miteinander gehen und aufeinander aufbauen.

Um sich selbst besser reflektieren zu können, ist es wichtig, dass Sie sich mit ihrer Selbstwahrnehmung auseinandersetzen. Je mehr Sie sich dadurch reflektieren und je größer Ihr Selbstbewusstsein dadurch wird, umso besser können Sie sich anschließend wieder selbst wahrnehmen. Es entsteht somit eine Aufwärtsspirale, die Sie nach und nach immer weiter nach vorne in Ihrer Reise zu mehr Resilienz bringt.

Bei der Selbstwahrnehmung geht es darum, Ihre eigenen Gefühle und Emotionen besser zu verstehen und zu lernen, mit ihnen umzugehen. Auf diese Weise lernen Sie jedoch nicht nur sich selbst besser kennen, sondern Sie werden auch andere Menschen besser verstehen.

Um Ihre Selbstwahrnehmung zu verbessern können Sie ein paar Übungen in Ihren Alltag integrieren und nach und nach merken, wie sich Ihre Beziehung zu sich selbst immer mehr verändert:

Achtsamkeitsübungen für mehr Achtsamkeit

Machen Sie Achtsamkeitsübungen, die Ihnen dabei helfen, sich auf das Hier und Jetzt zu konzentrieren, anstatt mit ihren Gedanken abzuschweifen. Erleben Sie das Hier und Jetzt bewusst, fühlen Ihre Gefühle und lassen sich nicht davon verleiten, mit den Gedanken abzuschweifen oder bereits an all die Aufgaben zu denken, die später oder am nächsten Tag anstehen. Machen Sie einen Spaziergang im Park, legen Sie sich auf die Wiese und betrachten die Wolken – welche Formen können Sie in ihnen erkennen? Schließen Sie die Augen und hören einfach zu – welche Geräusche können Sie hören? Achtsamkeitsübungen stehen Ihnen in vielen unterschiedlichen

Facetten zur Verfügung, sodass Sie mit Sicherheit genau die Übungen finden, mit denen Sie sich wohlfühlen und, die Sie einfach und unkompliziert in Ihren Alltag integrieren können.

Emotionale Trigger und ihre Identifizierung

In jedem von uns wohnt ein inneres Kind, das sich meldet, wenn wir uns unterbewusst an etwas aus unserer Kindheit erinnert werden – es handelt sich dabei in der Regel um unschöne Erfahrungen, unterdrückte Gefühle und unter Umständen auch Traumata. So kann es in bestimmten Situationen passieren, dass sich das innere Kind meldet, wenn wir unterbewusst an eine Situation, die wir als Kind erlebt haben, erinnert werden. Die Rede ist dabei von „unterbewusst“, weil wir uns dieser Trigger oftmals gar nicht bewusst sind.

Wir merken lediglich, dass wir uns unwohl fühlen, dass wir den Drang danach haben, ein bestimmtes Gefühl zu unterdrücken und am liebsten aus der Situation fliehen würden.

Um ein besseres Bewusstsein für uns selbst zu entwickeln, ist es somit wichtig, diese emotionalen Trigger zu erkennen und anschließend an ihnen zu arbeiten.

Selbst-Empathie

Empathie stellt eine Eigenschaft dar, mit der Menschen nicht geboren werden. Vielmehr handelt es sich um eine Fähigkeit, die nach und nach erlernt werden muss. Möglicherweise lesen Sie diese Zeilen und denken sich, dass es Ihnen an Empathie für andere Menschen nicht mangelt. Das ist eine tolle Eigenschaft und für die zwischenmenschlichen Beziehungen ein fundamentaler Aspekt. Doch wie sieht es mit der Empathie für Sie selbst aus? Bringen Sie sich selbst Mitgefühl gegenüber oder fällt es Ihnen schon gar nicht mehr auf, wenn Sie sich klein machen und beleidigen?

Viele Menschen reden oft sehr herablassend mit sich selbst – würden Sie auf der Straße ein Gespräch mitbekommen, bei dem ein Mensch einen anderen Menschen so behandelt, wie Sie sich selbst behandeln, würden Sie wahrscheinlich schockiert sein.

Warum behandeln wir uns selbst also mit so wenig Empathie? Warum sind Fehler bei anderen Menschen nicht so schlimm und bei uns selbst ist ein kleiner Fehler nahezu ein Weltuntergang? Wieso ist es in Ordnung, wenn andere Menschen ihre Gefühle zulassen, aber wenn uns eine Träne über die Wange läuft, sind wir ein „Weichei“?

Gehen Sie mit mehr Feingefühl mit sich selbst um. Lernen Sie, empathisch mit sich selbst zu sein und behandeln sie sich so, wie Sie Ihre beste Freundin behandeln würden. Würden Sie Ihre beste Freundin dazu auffordern, Ihre Gefühle zu unterdrücken? Würden Sie Ihr einen Fehler über Tage, Wochen oder gar Monate hinweg vorhalten? Mit Sicherheit nicht – warum machen Sie es dann mit sich selbst? Wieso gehen Sie empathielos mit sich selbst um?

Eine gute Übung, die Sie dabei unterstützt, sich selbst mit mehr Empathie zu behandeln, besteht darin, sich ein Kinderfoto von Ihnen sichtbar auf den Schreibtisch zu stellen, an den Spiegel zu kleben oder an einen anderen sichtbaren Ort zu legen. Immer, wenn Sie sich dabei erwischen, empathielos mit sich selbst umzugehen, werfen Sie ein Blick auf das Kinderfoto – dieses innere Kind wohnt in Ihnen. Bringen Sie es wirklich über das Herz, empathielos zu diesem Kind zu sein?

Arbeiten Sie an Ihrer Selbstwahrnehmung und Ihrer Selbstreflexion und wachsen somit in Ihrer emotionalen Intelligenz und Ihrer Widerstandsfähigkeit. Gehen Sie entspannter an Herausforderungen heran und behalten auch in stressigen Situationen einen stets kühlen Kopf.

Lernen Sie sich selbst besser kennen und verstehen Sie Ihre Emotionen, Gefühle und Bedürfnisse besser, um auf diese Weise auch besser Grenzen kommunizieren und zwischenmenschliche Beziehungen pflegen zu können.

Das Selbstvertrauen

Je mehr Sie sich selbst reflektieren und verstehen, umso mehr werden Sie nach und nach Vertrauen zu sich selbst aufbauen. Führen Sie sich dabei immer vor Augen, dass Sie einer Person nur dann Vertrauen schenken können, wenn Sie sie wirklich kennen.

Sie verbringen zwar 7 Tage in der Woche und 365 Tage im Jahr mit sich selbst, doch das alleine ist keine Garantie dafür, dass Sie sich wirklich kennen. Erst wenn Sie Ihre Gefühle wirklich zulassen, Ihre Bedürfnisse kennenlernen und sich mit Ihren Wünschen auseinandersetzen, lernen Sie sich nach und nach immer besser kennen. Schritt für Schritt vertrauen Sie sich dann auch selbst. Sie lernen Ihre Schwächen und Stärken kennen, können sich selbst besser einschätzen und schaffen somit eine wichtige Basis für das Vertrauen sich selbst gegenüber.

Stressige Situationen und Herausforderungen haben Sie unter Umständen dazu verleitet, sich Schutzmasken aufzuziehen, um sich unter ihnen zu verstecken. Auf Ihrer Reise zu mehr Resilienz, nehmen Sie eine Maske nach der anderen ab, und nähern sich Ihrem wahren Ich – der Person, der Sie blind vertrauen können – immer mehr an.

Indem Sie sich selbst vertrauen, wachsen Sie an Ihrer inneren Stärke. Sie wissen, dass Sie sich Herausforderungen annehmen können und auch in schweren Situationen nicht das Gleichgewicht verlieren.

Das Selbstvertrauen ist ein bisschen, wie ein fest verankerter Baum in der Erde. Je mehr Ihr Selbstvertrauen wächst, umso tiefer und stärker gelangen die Wurzeln des Baumes in die Erde. Kommen nun Stürme auf (Herausforderungen und Stress), heißt das nicht, dass diese nun spurlos an Ihnen vorbeigehen, doch Sie verlieren durch die feste Verwurzelung nie den Halt. Der Wind mag ein paar Blätter von den Ästen reißen und Früchte zu Boden schmeißen, doch er bringt den Baum nicht zum Fall.

Wichtige Aspekte, die Sie bei der Entwicklung und Stärkung Ihres Selbstvertrauens unterstützen, stellen dabei unter anderem die Folgenden dar:

Die Selbstakzeptanz

Akzeptieren Sie sich selbst mit Ihren Stärken und Schwächen. Kommen Sie zu dem Bewusstsein, dass niemand nur Stärken haben kann und, dass Sie durch Ihren ganz eigenen Mix an Schwächen und Stärken die einzigartige, wundervolle und starke Person sind, die Sie sind. Nehmen Sie sich mit Ihren Schwächen und Stärken bedingungslos an und lernen im nächsten Unterkapitel, wie Sie mit Selbstzweifeln und Selbstkritik umgehen können.

Ziele und Erfolge

Sie machen diese Reise zu mehr Resilienz Schritt für Schritt. Sie laufen stets nach vorne und erreichen immer wieder kleine Ziele. Genau diese Vorgehensweise spielt nicht nur für die Integration der Resilienz in Ihr Leben, sondern auch für viele andere Lebensabschnitte eine wichtige Rolle. Der Grund dafür, dass Ziele viel Stress mit sich bringen und oft als dieser große und unüberwindbare Berg gesehen werden, liegt daran, dass sich Menschen oft zu viel auf einmal vornehmen. Es ist durchaus richtig und wichtig das eine große Ziel vor Augen zu haben. Doch, um sich nicht von der Wucht des Weges, der vor Ihnen steht, unterkriegen zu lassen, teilen Sie sich Ihre Ziele am besten in kleine Schritte auf. Erreichen Sie Ihr großes Ziel, indem Sie viele kleine Ziele erreichen und die Erfolge feiern. Seien Sie stolz auf sich und feiern jeden kleinen Meilenstein.

Positive Selbstgespräche

Gespräche, die Sie mit sich selbst führen sind kein Zeichen der Verrücktheit – im Gegenteil! Selbstgespräche haben einen sehr großen Einfluss auf Ihr Selbstvertrauen. Mit negativen Selbstgesprächen schaden Sie Ihrem Selbstvertrauen, während Sie es mit positiven Gesprächen wachsen lassen. Sie werden in späteren Kapiteln Methoden kennenlernen, die Sie für eine positive Entwicklung Ihres inneren Dialogs nutzen können, um auf diese Weise Ihr

Selbstwertgefühl und folglich auch Ihr Selbstvertrauen zu steigern. Sie selbst sind Ihr größter Fan oder Ihr größter Feind – die Entscheidung liegt in Ihrer Hand.

Die Herausforderung an Sie selbst

Weiter oben war bereits die Rede von der Komfortzone und davon, wie der Begriff in die Irre führen kann. Für die Entwicklung Ihres Selbstvertrauens ist es wichtig, dass Sie sich bewusst aus Ihrer Komfortzone heraus bewegen und sich neuen Herausforderungen annehmen. So beweisen Sie sich selbst, wie stark Sie sind. Selbst, wenn Ihnen die Herausforderung nicht im ersten Anlauf gelingen sollte, erweitern Sie Ihre Fähigkeiten und sammeln neue Erfahrungen.

Die Selbstpflege

Sowohl das Selbstvertrauen als auch das Selbstbewusstsein und all die anderen Merkmale, die Hand in Hand mit der Resilienz gehen, verbinden sich durch die Gemeinsamkeit, dass sie allesamt für ein gutes Gefühl sorgen. Je mehr diese Aspekte gemeinsam mit der Resilienz in Ihr Leben einziehen, umso besser werden Sie sich fühlen. Andersherum können Sie das Selbstvertrauen und all die anderen Aspekte begünstigen, indem Sie darauf achten, sich um sich selbst zu kümmern und sich um Ihr emotionales wie um Ihr körperliches Wohlbefinden zu bemühen. Wenn Sie sich wohlfühlen, wirkt sich das positiv auf Ihr Selbstvertrauen aus.

Die Annahme von Feedback

Feedback, das Sie von Menschen aus Ihrer Umgebung erhalten, können Sie nutzen, um Ihr Selbstvertrauen zu stärken, anstatt es als Anlass zu nehmen, sich selbst klein zu machen. Wie Sie das am besten machen und wie es Ihnen gelingt konstruktives Feedback zu Ihrem Vorteil zu nutzen, erfahren Sie weiter unten im Ratgeber.

Der Umgang mit Rückschlägen

Je mehr Sie in Ihrem Selbstvertrauen wachsen, umso weniger werden Sie unter Rückschlägen leiden. Sie werden lernen, dass Sie an den Rückschlägen wachsen können, anstatt sie als Anlass zu nehmen, sich auf Ihre Schwächen zu konzentrieren und sich selbst klein zu machen. Wie Sie das machen, erfahren Sie ebenfalls weiter unten im Ratgeber.

Behalten Sie bezüglich des Selbstvertrauens immer im Hinterkopf, dass es sich um einen Prozess handelt, der Zeit und Übung verlangt. Je mehr Sie sich auf die Entwicklung Ihres Selbstvertrauens einlassen und je mehr Sie die diesbezüglichen Hinweise in Ihren Alltag integrieren, umso mehr werden Sie sehen, dass Ihr Selbstvertrauen nach und nach immer mehr wachsen wird und einen weiteren Baustein zu dem Fundament hinzufügt, das Sie für die Resilienz in Ihrem Leben brauchen.

Der Umgang mit Selbstzweifeln und Kritik

Ich weiß nicht, ob ich das schaffe.
Bestimmt werde ich wieder versagen.
Ich kann das nicht.

Kennen Sie diese Sätze?
Haben Sie diese Sätze möglicherweise schon öfter in den Mund genommen, wenn Sie mit sich selbst gesprochen haben und vor einer neuen Herausforderung standen? Wie oft haben Sie sich in Ihre Komfortzone zurückgezogen, weil die Selbstzweifel einfach zu groß waren?

Selbstzweifel und innere Kritik, die Sie an sich verüben, beeinflussen Sie ungemein in Ihrem Selbstbewusstsein und bremsen Sie erheblich in Ihrem Potenzial aus.

Führen Sie sich in diesem Zusammenhang immer vor Augen, dass Ihre Gedanken nicht einfach in der Luft verschwinden, sondern – genau wie die Selbstgespräche, die Sie führen – einen Einfluss auf Ihr Unterbewusstsein haben. Das, was Sie denken und sagen, wirkt sich auf Ihr Unterbewusstsein aus, das anschließend sicherstellt, dass Sie sich dementsprechend verhalten.

Sagen Sie Ihrem Unterbewusstsein immer und immer wieder, dass Sie etwas nicht können oder schaffen, werden Sie diese Sache auch nicht schaffen. Ändern Sie jedoch die Art, wie Sie mit sich selbst sprechen und formulieren Aussagen positiv, werden Sie staunen, wie viele Möglichkeiten Ihnen offenstehen und, was Sie alles schaffen können.

Der Umgang mit Selbstzweifeln und Kritik

Muster, die sich über Jahre hinweg in Ihr Unterbewusstsein eingebrannt haben, werden Sie nicht von heute auf morgen wieder löschen. Doch nach und nach können Sie die kleine innere Stimme, die sich immer dann einschaltet, wenn etwas nicht so geklappt hat, wie Sie sich das vorgestellt haben oder, wenn Sie vor einer Herausforderung stehen, zum Schweigen bringen und durch eine andere kleine, aber motivierende Stimme ersetzen.

Kleben Sie den Selbstzweifeln und der Kritik Klebeband auf den Mund, stellen Sie sich bildlich vor, wie Sie die kleine Gestalt packen und vor die Tür setzen oder, wie Sie ihm ein Stopp-Schild vor die Nase halten – bis hier hin und nicht weiter. Nach und nach wird es Ihnen immer leichter fallen, die kleine Stimme der Selbstkritik und Selbstzweifel leiser werden zu lassen, bevor Sie sie mit positiven Glaubenssätzen ersetzen. Seien Sie dabei jeweils sanft und geduldig mit sich selbst – schließlich haben Sie Ihr Unterbewusstsein über Jahre hinweg mit diesen Selbstzweifeln und der Kritik gefüttert.

Der Umgang mit Selbstzweifeln und Kritik wird Ihnen leichter fallen, wenn Sie diesbezüglich ein paar fundamentale Hinweise, Tipps und Strategien im Hinterkopf behalten:

- Nutzen Sie die bereits erwähnte Selbstreflexion, um Ihren Selbstzweifeln auf den Grund zu gehen. Warum haben Sie diese Selbstzweifel? Wo liegt ihre Quelle? Können Sie Muster erkennen?

- Sobald Sie sich dabei erwischen, negative Aussagen in den Mund zu nehmen, halten Sie für einen Moment inne und ersetzen die negative Aussage durch positive Affirmationen. Wenn Sie zum Beispiel mal wieder sagen „Ich kann das eh nicht“, ersetzen Sie diese negative Aussage durch positive Aussagen wie „Ich gebe mein bestes“, „Ich bin stark“, „Ich bin einzigartig“, „Ich lerne“, etc. Damit nehmen Sie der negativen Aussage die Macht und ersetzen sie nach und nach durch die positive Affirmation.
- Entwickeln Sie das bereits weiter oben aufgegriffene Selbstmitgefühl und gehen Sie sanft mit sich selbst um, anstatt nur auf die Gelegenheit zu warten, die Ihnen den Freifahrtschein gibt, um Sie in Grund und Boden zu stampfen.
- Erkennen Sie konstruktive Kritik und nehmen sie diese an, ohne sich persönlich angegriffen zu fühlen. Konstruktive Kritik kann Ihnen dabei helfen, zu wachsen und einen weiteren Schritt nach vorne zu gehen. Indem Sie sich der Kritik annehmen und durch sie wachsen, werden Sie auch deutlich in Ihrem Selbstbewusstsein wachsen. Sollten Sie es hingegen mit unsachlicher Kritik zu tun haben, ist es wichtig, dass Sie sich klar von dieser Kritik abgrenzen. Menschen, die andere Menschen zu Unrecht kritisieren, haben oft ein Problem mit sich selbst. Sie leben dieses Problem nur bei anderen Menschen aus. Grenzen Sie sich klar von diesen Menschen ab und rufen sich immer wieder vor Augen, dass Sie kein Blitzableiter sind, an dem Ihre Mitmenschen Ihre schlechte Laune und ihren Frust rauslassen können.

Die Bedeutung der Selbstakzeptanz

Im Rahmen des Selbstbewusstseins ist es wichtig zu wissen, dass die Selbstakzeptanz einer der Schlüssel ist, den Sie brauchen, um all die weiteren Türen zu öffnen, durch die Sie in diesem Kapitel gegangen sind. Um einen Zutritt zu der Selbstreflexion, dem Selbstvertrauen und der Selbstwahrnehmung zu bekommen, führt Sie der erste Schritt durch die Tür der Selbstakzeptanz.

Werden Sie sich darüber bewusst, dass jeder Mensch seine ganz persönliche Mischung aus Stärken und Schwächen hat. Stellen Sie sich das einmal vor wie ein Besuch im Süßwarenladen. Jeder darf sich eine bunte Tüte zusammenstellen – möglicherweise greifen mehrere Menschen auf dieselben Süßigkeiten zu, doch die Verteilung und die Menge wird bei jedem anders ausfallen.

Sie teilen sich durchaus Stärken und Schwächen mit anderen Menschen, doch die Mischung, in der sie bei Ihnen auftreten, ist einzigartig. Sie sind so wie Sie sind unersetzbar, wertvoll und wunderbar. Um die Resilienz in Ihr Leben zu holen und das Fundament für sie legen zu können, ist es wichtig, dass Sie sich selbst akzeptieren, wie Sie sind.

Das bedeutet nicht, dass Sie Ihre Schwächen gut finden müssen. Akzeptanz und Liebe sind zwei vollkommen unterschiedliche Sachen. Aus der Akzeptanz kann sich auf Ihrer Reise Liebe zu sich selbst entwickeln. Doch der erste Schritt besteht darin, dass Sie sich so wie Sie sind akzeptieren und respektieren:

- Betrachten Sie Ihre Schwächen einmal in einem anderen Licht – in welchen Situationen könnte Ihre Schwäche eine Stärke sein? Seien Sie kreativ und führen sich auf diese Weise vor Augen, dass eine Schwäche nicht schlecht sein muss, nur weil sie sie als Schwäche sehen.
- Führen Sie eine Liste all Ihrer Stärken und lernen, wie viele Stärken Sie haben.

Gehen Sie liebevoll mit sich selbst um und akzeptieren sich zu jedem Zeitpunkt der Reise. Sie entwickeln sich immer weiter, doch, um sich weiterentwickeln zu können, ist es wichtig, dass Sie sich so annehmen, wie Sie sind. Sie machen diese Reise nicht, weil Sie gegen sich sind, sondern weil Sie für sich sind.

Kapitel 4: Stressbewältigungstechniken

Sie mögen manchmal keinen Einfluss auf die Situation haben, in der Sie sich befinden. Es bringt also nichts, sich über die Situation und die Rahmenbedingungen aufzuregen. Konzentrieren Sie sich stattdessen auf das, was in Ihrer Hand liegen und, was Sie beeinflussen können. In stressigen Situationen bedeutet das, dass Sie sich darauf konzentrieren, wie Sie am besten mit dem Stress umgehen, anstatt sich von dem Stress überfahren zu lassen und sich dadurch, dass Sie sich über den Stress aufregen, noch mehr stressen.

Aus diesem Grund erhalten Sie auf diesem Abschnitt der Reise praktische Strategien, die Sie dabei unterstützen Herr bzw. Frau der Situation und folglich des Stresses zu werden. Nutzen Sie diese Techniken, um auf diese Weise widerstandsfähiger zu werden und zu derselben Zeit den Schutz Ihrer psychischen Gesundheit zu garantieren.

Stress erkennen und verstehen

Es gibt einen Spruch, der besagt, dass man seinen Feind kennen muss, um ihn besiegen zu können, wobei an dieser Stelle durchaus erwähnt werden muss, dass Stress nicht immer das große böse Monster ist, für das wir es in der heutigen Zeit allzu oft halten. Positiver Stress hilft uns dabei, am Ball zu bleiben, Aufgaben zu erledigen und Fortschritte zu machen. Er kann uns motivieren und fördern und somit durchaus in einem positiven Licht erscheinen. Erst, wenn der Stress Oberhand nimmt, ist es wichtig, ihn in die Schranken zu weisen.

In der Tat unterscheidet man in der Regel zwischen dem positiven Stress (Stress) und dem negativen Stress (Distress). Wie immer, macht eben die Menge das Gift.

Für Sie ist es wichtig, dass Sie den Stress, dem Sie sich aussetzen erkennen und verstehen. Doch, was ist Stress denn nun genau? Was steckt hinter diesem Wort?

Bei Stress handelt es sich im Grunde genommen erst einmal um eine vollkommen natürliche Reaktion des Körpers, die sich in belastenden und anspruchsvollen, sowie herausfordernden Situationen manifestiert.

Eigentlich weist der Körper durch seine Reaktion (die Freisetzung des Stresshormons Cortisol), die wir als Stress bezeichnen, auf eine mögliche Gefahr oder Bedrohung hin, weshalb es auch vollkommen normal ist, in stressigen Situationen einen erhöhten Puls und Blutdruck zu haben, die Muskeln anzuspannen und schneller zu atmen.

Somit kann der Stress, wie bereits schon gesagt, durchaus hilfreich sein, sofern er nicht zum Dauerzustand und zur Belastung wird. Wird der Stress chronisch, hat das Auswirkungen auf verschiedenste Bereiche, da er:

- das Immunsystem schwächen
- das Risiko für Herz-Kreislauf-Erkrankungen
- Schlafstörungen verursachen
- psychische Gesundheitsprobleme wie Depressionen und Angstzustände fördern

kann.

Wie also dargestellt, beeinflusst der Stress sowohl die körperliche als auch die psychische Gesundheit, wobei er sich bei jedem Menschen jeweils anders äußern kann. Jeder Mensch reagiert anders auf Stress. Ein paar Anzeichen des Stresses und seiner Auswirkungen sind jedoch unter anderem:

- erhöhter Puls
- Muskelverspannungen mit Folgen wie Kopfweh, Rückenschmerzen, etc.
- Reizbarkeit

- Ängste, sowie Angst-, und Panikattacken
- Nervosität
- Appetitveränderungen
- Bauchschmerzen
- uvm.

Das Tückische am Stress ist, dass er sich in viele unterschiedliche Verkleidungen werfen und sich auf diese Weise seinen Weg in Ihr Leben bahnen kann. So erscheint er unter anderem in der Form von:

- beruflichem Stress, der durch eine hohe Arbeitsbelastung, hohen Druck, sowie Konflikten am Arbeitsplatz oder Deadlines entsteht.
- zwischenmenschlichen Konflikten, die durch Probleme in Beziehungen, Meinungsverschiedenheiten, unklaren Grenzen, uvm. entstehen können.
- finanziellen Belastungen aufgrund von Geldsorgen, Schulden oder auch allgemeiner finanzieller Unsicherheit.
- gesundheitlichen Herausforderungen, während der Bewältigung einer Krankheit oder Verletzungen und chronischen Beschwerden.
- Alltagsstressoren, wie der stressige Alltag, der von Zeitdruck, Terminen und Verpflichtungen geprägt ist.

Um den Stress in seine Schranken zu weisen und ihn bewältigen zu können, ist es wichtig, dass Sie verstehen, dass Sie kein Opfer sind – begeben Sie sich nicht in die Opferrolle. Sie sind dem Stress nicht hilflos ausgeliefert, auch wenn sich das manchmal so anfühlen mag.

Strategien zur Stressbewältigung

Haben Sie den Stress erkannt, können Sie sich anschließend darum kümmern, ihn in seine Schranken zu weisen, um ihn somit zu besiegen. Für diese Zwecke stehen Ihnen verschiedene Maßnahmen zur Verfügung, die Sie sowohl bei der kurzfristigen als auch bei der langfristigen Stressreduktion und der anschließenden Stressprävention unterstützen.

Entspannungstechniken

Stress bedeutet für Ihren Körper Anspannung, weshalb Sie diesem am besten mit Entspannung entgegenwirken. Indem Sie Ihren Körper bewusst entspannen, entspannt sich auch Ihr Geist und der Stress merkt so, dass er bei Ihnen keine Chance hat. Die Folge dessen ist, dass er nach und nach abnimmt und merkt, dass Sie die Situation in die Hand genommen haben. Sie entscheiden darüber, ob Ihr Körper angespannt oder entspannt ist und nutzen für diese Zwecke unter anderem:

Progressive Muskelentspannung

- Atemübungen
- Mediation
- Yoga

Für diese Techniken spielt es eine wichtige Rolle, dass Sie diese mit einer gewissen Regelmäßigkeit in Ihr Leben integrieren und es nicht bei einem Mal belassen. Je regelmäßiger Sie diese Techniken in Ihrem Leben anwenden, umso besser können Sie den Stress abbauen und Ihre Entspannung fördern.

Das Zeitmanagement

Ein weiterer wichtiger Punkt, über den Sie schon öfter gelesen haben, stellt der Punkt des Zeitmanagements dar, bzw. der viel zu vollen To-Do-Liste dar, die mitunter ein Auslöser für Stress sein kann. Bereits ein Blick auf all die Termine und Verpflichtungen reicht aus, um Ihnen die Schweißtropfen auf die Stirn zu treiben.

Um die Anspannung aus der To-Do-Liste zu nehmen, spielt es für Sie eine wichtige Rolle:

- Prioritäten zu setzen.
- Ihren Zeitplan erneut zu organisieren.
- zu lernen „Nein“ zu sagen, wenn Sie etwas nicht machen möchten.

Bewegung und Sport

Vielleicht kennen Sie das angenehme Gefühl, das sich in Ihrem ganzen Körper ausbreiten, wenn Sie sich sportlich betätigt haben. Für dieses Gefühl tragen unter anderem die Endorphine die Verantwortung, die als natürlicher Stressminderer fungieren und somit dazu beitragen, dass Sie sich sowohl physisch als auch psychisch entspannen können.

Aus diesem Grund spielt es für Sie eine wichtige Rolle, sich regelmäßig zu bewegen, um auf diese Weise die körperliche Aktivität zu einer festen Konstante in Ihrem Leben werden zu lassen.

Bereits kleine Veränderungen erlauben es Ihnen, die Bewegung in Ihr Leben zu integrieren und Sie somit bei der Stressbewältigung zu unterstützen.

Gesunde Ernährung

Kennen Sie den Spruch „Du bist, was du isst"?
Dieser Spruch mag im ersten Moment etwas übertrieben wirken, doch auf den zweiten Blick betrachtet, hat er Recht.

Sicherlich ist der Spruch nicht wörtlich zu nehmen, da wir uns natürlich nicht in das verwandeln, was wir essen. Doch, was wir unserem Körper zufügen, wirkt sich direkt auf unsere Gesundheit aus.

Vor allem frisches Obst und Gemüse, sowie Vollkornprodukte stellen einen festen Bestandteil einer gesunden Ernährung dar und spielen auch für Ihr Stresslevel eine nicht zu unterschätzende Rolle.

Verzichten Sie auch auf einen übermäßigen Konsum von:

- Alkohol
- Koffein
- Zucker

da diese Lebensmittel in zu großen Mengen durchaus zu einer Erhöhung des Stresslevels führen könnten.

Achtsamkeit und Mediation

Im Hier und Jetzt zu leben, stellt in der heutigen, schnelllebigen Zeit eine recht große Herausforderung dar. Oft denken Menschen bereits an morgen, übermorgen oder nächste Woche, ohne dabei bewusst im Hier und Jetzt zu leben und den Moment zu genießen. Es mag durchaus stimmen, dass es wichtig ist, den Blick immer nach vorne zu richten und nicht einfach in den Tag hineinzuleben, doch am Ende des Tages ist das, was Sie in der Hand haben, das Hier und Jetzt. Die Vergangenheit ist nicht mehr da und die Zukunft ist noch nicht passiert.

Wer jedoch ständig nur plant und sich mit dem Morgen beschäftigt, erhöht auf diese Weise sein Stresslevel ungemein. Umso wichtiger ist es, dass Sie sich in der Achtsamkeit üben und wieder lernen, im Hier und Jetzt zu leben. Für diese Zwecke können Sie Achtsamkeitsübungen und Mediationen in Ihren Alltag integrieren, um Ihre Achtsamkeit zu stärken.

Hobbys und Entspannung

- Wie oft nehmen Sie Formulierungen wie: Ich muss noch
- Ich habe XXX noch nicht gemacht
- Ich habe keine Zeit, weil...

in den Mund?

Wie oft nehmen Sie sich Zeit für sich und Aktivitäten, die Ihnen Freude bereiten? Der Alltag vieler Menschen steckt voller Verpflichtungen und Termine, die Sie wahrnehmen müssen, sodass die persönlichen Hobbys nahezu vollkommen in den Hintergrund geraten.

Um Stress reduzieren und die Entspannung in Ihrem Leben fördern zu können, nehmen Sie sich bewusst Zeit für Aktivitäten, die Ihnen Spaß machen. Finden Sie heraus, was Ihnen Spaß macht und nehmen sich bewusst Zeit für dieses Hobby.

Schlafhygiene
Wie oft liegen Sie nachts wach, weil Ihre Gedanken einfach nicht den Mund halten wollen?
Wie oft haben Sie schon versucht, aus dem Gedankenkarussell auszusteigen?
Wie oft werden Sie von Horrorszenarien geplagt, die sich immer wieder vor Ihrem inneren Auge abspielen, wie ein Trailer, den Sie einfach nicht ausblenden können?

Gedanken erschweren Ihnen unter Umständen das Ein- und Durchschlafen, was wiederum zu einer erneuten Erhöhung des Stresslevels führt. Aus diesem Grund ist es wichtig, dass Sie auf einen erholsamen Schlaf und eine ausreichende Schlafmenge achten.

Zu wenig Schlaf erhöht unter Umständen den Stress und erschwert gleichzeitig die Stressbewältigung.

Humor und Lachen
Lachen macht bekanntlich gesund und vermutlich haben Sie schon einmal etwas davon gehört, dass Stress krank macht – sowohl psychisch als auch physisch.

Es ist somit nicht verwunderlich, dass Humor und das Lachen auch in Bezug auf Stress dazu beitragen können, dass sie Spannung und Stress abbauen können.

Wenn Sie Lachen, steigern Sie Ihr Wohlbefinden und bereits ein Lächeln trägt zu der Ausschüttung von Endorphinen in Ihrem Körper bei. Also lachen Sie, schauen Sie sich einen lustigen Film an, erzählen Sie sich Witze mit Familien und Freunden und lachen den Stress weg.

Stressmanagement-Kurse und professionelle Hilfe
Wenn Sie das Gefühl haben sollten, nicht alleine mit dem Stress zurechtkommen zu können, können Sie professionelle Hilfe in der Form von:

- Stressmanagement-Kursen, in denen Sie praktische Fähigkeiten und Werkzeuge vermittelt bekommen, die Ihnen bei einem besseren Umgang mit Stress helfen
- Therapeuten und Psychiatern, die Sie dabei unterstützen, die Quellen Ihres großen Stresses zu ermitteln, um ihn so bekämpfen zu können

annehmen.

Auch die Unterstützung Ihrer Familie und Ihrer Freunde spiel bezüglich der Stressbewältigung eine große und wichtige Rolle. Verbringen Sie mehr Zeit mit Menschen, mit denen Sie sich wohlfühlen und merken, wie Sie sich entspannen.

Die genannten Techniken wirken wie ein Ventil, über welches Sie nach und nach Stress ablassen und die Entspannung fördern können. Stellen Sie sich einmal ein viel zu fest aufgeblasenes Schwimmtier vor – die Nähte drohen zu platzen und die Wölbung, die durch die zu große Menge an Luft entsteht, verhindert eine einwandfreie Anwendung dieses Schwimmtiers. Lassen Sie etwas Luft aus dem Schwimmtier heraus, drohen die Nähte nicht mehr zu platzen und es kann seiner Funktion erneut ohne Probleme nachkommen. Finden Sie Ihre persönlichen Ventile, die für Sie am besten funktionieren und integrieren Sie diese in Ihr Leben.

Zu guter Letzt spielt es natürlich auch eine wichtige Rolle, dem Stress vorzubeugen, indem Sie die genannten Techniken in Ihr Leben integrieren. Auf diese Weise besiegen Sie nicht nur den Stress, sondern Sie weisen ihn gezielt in seine Schranken und verhindern, dass er sich ausbreitet und Oberhand nimmt.

Achtsamkeit und Meditation

Vor allem die Achtsamkeit und die Mediation spielen für das Stressmanagement und die Stressbewältigung eine fundamentale Rolle. Denn durch die Achtsamkeit und die Mediation lernen Sie, bewusst im Hier und Jetzt zu leben und den Moment zu genießen, anstatt die Gedanken die ganze Zeit um Ereignisse, die noch in der Zukunft liegen, kreisen zu lassen.

Aus diesem Grund lernen Sie in diesem Abschnitt mehr über die Achtsamkeit und die Mediation kennen und erfahren, wie Sie gezielte Techniken einfach und unkompliziert in Ihren Alltag integrieren können.

Was ist Achtsamkeit überhaupt?

Wahrscheinlich haben Sie in Ihrem Leben schon mehrfach die Aussage „Gib acht!“ gehört und vermutlich haben Sie diese auch schon selbst in den Mund genommen. Doch, was bedeutet „Achtsamkeit“ überhaupt und, was versteckt sich hinter diesem Begriff?

Bei der Achtsamkeit handelt es sich, einfach gesagt, um die Fähigkeit, sich bewusst auf das Hier und Jetzt einzulassen, ohne mit den Gedanken ständig abzuschweifen und an andere Dinge zu denken, die nichts mit der aktuellen Situation zu tun haben.

Je mehr Sie sich in der Achtsamkeit üben, umso mehr gelingt es Ihnen, den gegenwärtigen Moment nicht nur frei von Urteilen zu leben, sondern ihn bewusst zu genießen und die Schönheit in ihm zu entdecken.

Der Fokus vieler Menschen liegt in der heutigen Zeit auf negativen Dingen, die ihnen widerfahren, weil sie aufgrund mangelnder Achtsamkeit den Blick für all die schönen Dinge und Momente verloren haben. Dieser Umstand trägt erheblich zu dem Stresslevel in Ihrem

Leben bei, da Sie das Gefühl bekommen, dass Ihnen ausschließlich negative Dinge widerfahren.

Durch die Achtsamkeit finden Sie den Blick für die vielen schönen Dinge wieder und weisen den Stress, der durch den Fokus auf die negativen Aspekte in Ihrem Leben, in seine Schranken. Entfernen Sie sich von der Last der Vergangenheit und den Sorgen der Zukunft und lernen mit der Hilfe einiger Techniken bewusst im Hier und Jetzt zu leben:

Die Achtsamkeitsmeditation:
Konzentrieren Sie sich bewusst auf Ihrem Atem. Spüren Sie, wie die Luft durch Ihren Körper strömt und konzentrieren Sie sich auf nichts anderes als auf die Atmung. Legen Sie sich eine Hand auf den Bauch und spüren, wie sie sich beim Ein- und Ausatmen langsam nach oben und nach unten bewegt. Je mehr Sie sich auf Ihren Atem konzentrieren, umso mehr können Sie Ihre stressbedingten Gedanken minimieren.

Die achtsame Körperwahrnehmung:
Da sich der ganze Körper anspannt, wenn Sie sich in stressigen Situationen befinden, können Sie dem Stress entgegenwirken, indem Sie Ihren Körper nach und nach bewusst entspannen. Für diese Zwecke konzentrieren Sie sich am besten auf einen Körperteil nach dem anderen und spüren in ihnen erst die Anspannung und anschließend die bewusste Entspannung. Auf diese Weise entspannen Sie nach und nach den ganzen Körper und steigern Ihr körperliches Wohlbefinden, das sich auch auf Ihr geistiges Wohlbefinden auswirkt.

Achtsames Essen:
Wie oft erwischen Sie sich dabei, einfach mal schnell zwischendurch einen Happen zu essen, im Stehen etwas zu verzehren oder das Mittagessen so schnell herunterzuschlingen, dass Sie den Geschmack kaum genießen können? Nehmen Sie sich in Zukunft Zeit für das achtsame Essen. Genießen Sie den Geruch des Essens und den Geschmack, ohne sich zu hetzen. Achten Sie darauf, wie sich Ihr Magen

anfühlt, wenn Sie den Bissen herunterschlucken und wie gut Ihnen das Essen tut. Auf diese Weise steigern Sie nicht nur die Achtsamkeit und Ihr Wohlbefinden, sondern Sie wirken auch übermäßigem und emotionalem Essen entgegen.

Was ist Meditation?

Die Achtsamkeit und die Mediation gehen aus dem Grund Hand in Hand, weil die Meditation ein Werkzeug darstellt, das Sie nutzen können, um die Achtsamkeit in Ihrem Alltag zu steigern. Während Sie meditieren, erreichen Sie einen erhöhten Zustand der Aufmerksamkeit. Mediationen, die Sie für diese Zwecke nutzen können, stellen – neben der bereits weiter oben erwähnten „Achtsamkeitsmeditation" - die Folgenden dar:

Die Transzendentale Meditation:
Wenn Sie diese Technik anwenden, wiederholen Sie immer und immer wieder ein bestimmtes Mantra, das Sie durch die Wiederholung in einen tiefen Zustand der Entspannung versetzt. Anfangs mag es Ihnen vielleicht komisch vorkommen, ein Mantra immer wieder zu wiederholen, doch nach und nach werden Sie merken, wie sich Ihr ganzer Körper entspannt.

Denn je mehr Sie das Mantra wiederholen, umso tiefer dringt es in Ihr Unterbewusstsein ein. In Ihrem Unterbewusstsein steckt eine unglaublich große Kraft, die unter anderem bestimmt, wie Sie denken und wie Sie sich verhalten.

Die Loving-Kindness-Mediation:
Positivität zieht Positivität an und Negativität zieht Negativität an. Aus diesem Grund spielt es für Sie eine wichtige Rolle, sich in einem positiven Mindset zu üben. Wie Sie das gezielt schaffen, erfahren Sie im nächsten Kapitel, doch auch diese Loving-Kindness-Mediation unterstützt Sie dadurch, dass Sie positive und liebevolle Gedanken und Wünsche an sich selbst und Menschen in Ihrem Leben senden, in

Ihrem positiven Denken. Auch Ihre Empathie profitiert von dieser Meditation und unterstützt Sie dabei, Stress zu mindern.
Sie haben auch die Möglichkeit, an einer geführten Mediation durch einen Lehrer oder durch einen Videokurs teilzunehmen und sich somit leiten zu lassen. Diese Meditationen können dabei ein bestimmtes Thema, wie die Entspannung, den Stressabbau oder auch die Schlafverbesserung in den Mittelpunkt stellen.

Auch Yoga und Tai-Chi erfreuen sich bezüglich der Mediationen einer großen Beliebtheit und gehören mit ihrem Ablauf zu den sogenannten bewegungsbasierten Mediationen.

Diese Vorteile bringen Achtsamkeit und Mediation mit sich

Je mehr Sie sich mit dem Baustein der Achtsamkeit und der Mediation auseinandersetzen, um so das Fundament für die Resilienz zu legen, umso mehr kommen Sie in den Genuss mit all den vorteilhaften Aspekten, die dieser Baustein mit sich bringt. Es handelt sich dabei um die folgenden positiven Punkte:

- Der Stress reduziert sich und Entspannung zieht im Körper ein.
- Die Konzentration und die Klarheit erhöhen sich.
- Eine bessere emotionale Stabilität.
- Bessere Schlafqualität
- Bessere Selbstkontrolle
- Ein bewussteres Treffen von Entscheidungen

Zu guter Letzt wirken sich die Achtsamkeit und die Mediation natürlich positiv auf die Resilienz im Allgemeinen aus und unterstützen Sie dabei, sie nach und nach immer mehr in Ihr Leben zu integrieren.

Die Rolle der Ernährung und der Bewegung in Bezug auf Stress und Stressmanagement

Sie haben bereits erfahren, welche Rolle die Ernährung und die Bewegung in Bezug auf das Stressmanagement und somit auch bezüglich Ihrer Resilienz spielen.

Aus diesem Grund legen Sie in Ihrem Alltag am besten einen großen Wert auf eine ausgewogene Ernährung sowie auf ausreichend Bewegung.

Bestimmt kennen Sie den Teufelskreis, der sich nach und nach in eine Abwärtsspirale verwandelt, wenn Bewegung und eine gesunde und ausgewogene Ernährung eine Mangelware in Ihrem Leben darstellen:

Sie haben keine Kraft und fühlen sich schlapp und durch die mangelnde Bewegung und unausgewogene Ernährung fühlen Sie sich noch schlapper und unmotivierter, diese beiden Aspekte in Ihren Alltag zu integrieren.

Umso wichtiger ist es also, bestimmte Tipps und Hinweise in Ihr Leben zu integrieren, um den Teufelskreis zu durchbrechen und gleichzeitig die Abwärtsspirale in eine Aufwärtsspirale zu verwandeln.

Wenn Ihnen alleine der Gedanke, sich nun noch einen Termin in Ihren Kalender eintragen zu müssen, bereits Schweißtropfen auf die Stirn treibt, führen Sie sich am besten vor Augen, dass Sie die sportliche Betätigung auch auf andere Weise in Ihren Alltag integrieren können:

- Laufen Sie zur Arbeit oder fahren Sie mit dem Fahrrad.
- Nehmen Sie anstatt mit dem Aufzug zu fahren die Treppe.
- Erledigen Sie kurze Wege zu Fuß oder mit dem Fahrrad, anstatt das Auto zu nehmen.

Sobald Sie Ihre To-Do-Liste organisiert und von einigen Aufgaben und Verpflichtungen befreit haben, finden Sie mit Sicherheit einen guten Termin, den Sie nutzen können, um sich in einen Verein einzuschreiben, um dort ein oder zwei Mal in der Woche an einem Kurs teilzunehmen.

Bezüglich der Ernährung müssen sie nicht alles, was als ungesund gilt, aus Ihrem Speiseplan entfernen. Vor allem, weil, wie schon so oft gesagt, die Menge das Gift macht.

Achten Sie lediglich darauf:

- Ihr Essen im Voraus zu planen und die entsprechenden Lebensmittel einzukaufen.
- im Voraus zu kochen und sich ein Mittagessen und/oder einen Snack vorzubereiten.
- Heißhunger zu erkennen und mit gesunden Snacks zu stillen.
- nicht aus Langeweile oder Frust zu essen.
- genug zu trinken.

Alleine diese Tipps und Hinweise unterstützen Sie bei einer gesunden und ausgewogenen Ernährung. Verbieten Sie sich nichts und gönnen Sie sich durchaus ein Glas Wein und etwas Süßes – solange Ihre Ernährung ausgeglichen ist, spricht absolut nichts dagegen.

Kapitel 5: Positives Denken und Optimismus fördern

Bereits zum Anfang Ihrer Reise zu mehr Resilienz, haben Sie etwas mehr darüber erfahren, was für eine wichtige Rolle das positive Denken und der Optimismus als Baustein des Fundaments für Ihre Resilienz spielen.

Allerdings haben Sie vielleicht selbst schon einmal festgestellt, dass es Ihnen gar nicht so leichtfällt, bewusst das Gedankenkarussell zu stoppen, um aus ihm auszusteigen und sich auf den Weg zu dem positiven Mindset zu machen. Immer wieder fällt Ihr Blick auf die negativen Aspekte in Ihrem Leben und die schlechten Erfahrungen, die Sie gemacht haben.

Wie graue Wolken schieben sich diese Gedanken und Denkweisen vor die Sonne und lassen Sie somit in dem Glauben, dass die Sonne gar nicht scheint und, dass Sie an dem Tag keine positiven Erfahrungen gemacht haben.

Doch diese Wolken trügen. Es können sich noch so viele Wolken am Himmelszelt Ihrer Gedanken ausbreiten und die Sonne hinter sich verdecken – wenn Sie wissen, dass die Sonne da ist, können Sie aktiv daran arbeiten, die Wolken wegzuschicken, sodass Sie erneut die Wärme der Sonnenstrahlen auf Ihrer Haut spüren können.

Oft unterschätzen sich Menschen. Sie begeben sich in die Opferrolle, machen es sich in der Komfortzone – der Sie in vorherigen Kapiteln bereits einen Besuch abgestattet haben – gemütlich und denken, dass sie keinen Einfluss darüber haben ob und wann die grauen Wolken wegziehen.

Die Erkenntnis darüber, dass es in Ihrer Hand liegt, die Wolken wegzuschieben und die Sonne von ihnen zu befreien, ist der erste

Schritt hin zu einem positiven Mindset und zum Optimismus, der nur darauf wartet, in Ihr Leben einzuziehen.

Gemeinsam mit den Tipps, Hinweisen und Übungen, die Sie nun kennenlernen werden, kommen Sie Ihrer Resilienz immer näher und erfahren am eigenen Leib, wie schön Ihr Leben eigentlich ist, weil Sie schlicht und ergreifend die Nebelbrille abnehmen und Ihren Blick für die vielen schönen und kleinen Dinge schärfen, die Ihnen tagtäglich begegnen und widerfahren.

Negative Gedankenmuster erkennen

Während des Ratgebers und Ihrer Reise zu mehr Resilienz, sind Sie bereits auf die Aussage, dass man seinen Feind kennen muss, um ihn dann schlagen zu können, gestoßen.

Sie haben auch erfahren, dass der Ausdruck „Feind" nicht unbedingt richtig ist, doch im Grunde genommen, ist die Kernaussage, die sich hinter dieser Ausdrucksweise versteckt, richtig. Um den Optimismus in Ihr Leben integrieren zu können und den Pessimismus mit ihm zu ersetzen, sollten Sie erst wissen, wie sich Ihr negatives Mindset überhaupt gestaltet.

Nur, wenn Sie Ihre negativen Gedankenmuster erkennen, haben Sie die Möglichkeit, aktiv daran zu arbeiten, diese negativen Gedanken durch Positive zu ersetzen. Es geht also nicht darum, Ihre negativen Gedanken und Muster zu streichen und so zu tun, als seien sie nicht da oder, als seien sie ein großer Fehler. Vielmehr geht es darum, Ihrem Unterbewusstsein die positiven Gedankenmuster nach und nach beizubringen, sodass die negativen Muster von alleine verschwinden.

Sie ersetzen also die negativen Gedanken durch die positiven Denkmuster.

Doch, wie erkennen Sie diese negativen Gedankenmuster, die Sie oft dazu verleiten, sich pessimistisch, selbstkritisch und manchmal sogar destruktiv zu verhalten? Was sind diese negativen Gedankenmuster überhaupt?

Negative Gedankenmuster manifestieren sich bei jedem Menschen anders. Jeder Mensch hat seine ganz eigene persönliche fiese Gestalt mit der kleinen gemeinen Stimme, die Katastrophen-Szenarien vor Ihrem inneren Auge abspielen lässt oder sie gehässig kurz vor dem Einschlafen an eine doofe Situation erinnert und natürlich sehr viel übertriebener darstellt, als sie eigentlich in Wahrheit war.

Diese kleine gemeine Gestalt, die in Ihrem Kopf wohnt, das Gedankenkarussell steuert, Filmmeister bei Katastrophen-Szenarien-Filmen spielt und Selbstzweifel in Ihr Ohr flüstert hat also unterschiedliche Möglichkeiten, um die negativen Gedankenmuster auszuleben und in Ihr Leben zu integrieren:

- Katastrophendenken, bei dem Ihr Fokus immer auf dem Schlimmsten liegt, was passieren kann. Sie warten praktisch nur darauf, dass Ihnen etwas Schlimmes passiert.
- Schwarz-Weiß-Denken, bei denen Sie zwischen zwei Extremen hin und her pendeln, ohne einen Mittelweg zu finden. Es gibt entweder nur „Perfekt“ oder „vollkommen gescheitert“.
- Selbstkritik, die Sie dazu verleitet, sich selbst als Zielscheibe zu sehen, auf die sie einen Giftpfeil nach den anderen schießen. Nichts an Ihnen ist gut und Sie finden immer wieder neue Gründe, warum Sie Kritik an sich üben sollten.
- Vergleich mit anderen, bei dem Sie natürlich immer schlechter abschneiden. Sie messen sich ständig an anderen Menschen, ohne dabei zu sehen, wie wundervoll Sie sind und welche Fähigkeiten Sie besitzen.
- Generalisierung, die Sie dazu veranlasst, von einem Ereignis auf andere Ereignisse zu schließen, ohne dabei im Hinterkopf zu behalten, dass das Leben keine Matheaufgabe ist, bei der eine Formel für alle anderen ähnlichen Aufgaben gilt. Nur weil ein Ereignis etwas unschöner war, bedeutet das nicht, dass auch andere Ereignisse, die sich ähnlich gestalten, genau so

abspielen. Ihre Generalisierung lässt Sie jedoch in diesem Glauben.

Natürlich zieht diese Gestalt mit den vielen unterschiedlichen negativen Gedankenmustern nicht einfach so bei Ihnen ein – Sie ist ein Resultat Ihres Unterbewusstseins und dessen, was Sie Ihrem Unterbewusstsein Jahr für Jahr mitgeteilt haben. Was Sie Ihrem Unterbewusstsein lehren, ist für Ihr Unterbewusstsein die Wahrheit. Dementsprechend denken Sie und verhalten Sie sich.

Da Sie nun wissen, welche Möglichkeiten die kleine Gestalt in Ihnen hat, um die negativen Gedankenmuster auszuleben, ist es wichtig, dass Sie die bereits erwähnte Selbstreflexion aufgreifen und mit ihrer Unterstützung erkennen, wann sich diese Gedankenmuster zu Wort melden.

Oft klingt das leichter gesagt als getan, was an der Macht der Gewohnheit liegt. Vermutlich sind Sie bereits so sehr daran gewöhnt, sich selbst unangespitzt in den Boden zu rammen, sich zu kritisieren und klein zu machen, dass Sie gar nicht mal mehr mit der Wimper zucken, wenn die negativen Gedankenmuster Ihren Film abspielen und es unter Umständen auch nicht einmal wirklich bemerken.

Aus diesem Grund können Sie die folgenden Schritte nutzen, um Ihre negativen Gedankenmuster erkennen zu können:

- Beobachten Sie sich selbst: Seien Sie achtsam mit sich selbst und achten somit darauf, was Sie sagen und, was Sie denken. Nur auf diese Weise können Sie die negativen Gedankenmuster erkennen und unter Umständen aufschreiben, um sie für sich noch greifbarer zu machen.
- Achten Sie auf Ihre Gefühle: Negative Gedankenmuster ziehen niemals – egal, wie lange sie schon Teil Ihres Lebens und Mindsets sind und wie sehr Sie denken, sich an sie gewöhnt zu haben – spurlos an Ihnen vorbei. Sie mögen unter Umständen gelernt haben, Ihre Emotionen zu unterdrücken und zu ignorieren, was jedoch nicht heißt, dass sie nicht da sind oder

einfach so verschwinden. Vielmehr stauen sie sich auf und liegen Ihnen wie ein großer Stein schwer im Magen und auf dem Herzen. Widerstehen Sie also dem Drang danach, Ihre Emotionen zu unterdrücken und lassen Sie sie zu. Negative Emotionen, wie Angst und Stress, sowie auch Wut, Enttäuschung, etc. können Hinweise darauf sein, dass an der Quelle die negativen Gedankenmuster sitzen.

- Achten Sie auf Ihre körperlichen Reaktionen: Wenngleich Sie Ihre Emotionen unter Umständen unterdrücken, reagiert Ihr Körper trotzdem auf sie. Je mehr Sie auf Ihren Körper achten und somit Körperbewusstsein erlangen, umso mehr können Sie negative Gedankenmuster entlarven. Obwohl Menschen jeweils anders auf Emotionen reagieren, sind Verspannungen und plötzliche Anspannungen, Herzklopfen und auch Schlafstörungen Anzeichen dafür, dass negative Gedankenmuster Oberhand in Ihrem Leben nehmen.

So gehen Sie mit den negativen Gedankenmustern um

Wie heißt es doch so schön? – Wer A sagt, muss auch B sagen. Wenn Sie also nun erkannt haben, wie Ihre negativen Gedankenmuster aussehen, geht es darum, dass Sie einen angemessenen Umgang mit Ihnen lernen.

Es geht hier nun nicht darum Ihnen eine Schritt-für-Schritt-Anleitung mit auf den Weg zu geben, die Sie haargenau befolgen müssen. Sehen Sie die folgenden Hinweise als Orientierung, die Sie dabei unterstützt, Ihren eigenen Weg zu finden, um Ihren ganz persönlichen Umgang mit Ihren negativen Gedankenmustern zu finden, um das positive Mindset Ihrem Unterbewusstsein vorzuführen und somit den Grundstein dafür zu legen, dass es sich nach und nach in ihm etabliert:

Haben Sie den Mut, Ihre Gedanken zu hinterfragen:
Führen Sie sich vor Augen, dass Ihre Gedanken die Früchte der Samen sind, die Sie gepflanzt haben. Sie ernten das, was Sie gesät haben. Wenn Sie Ihr Unterbewusstsein über einen langen Zeitraum hinweg

kontinuierlich mit negativen Glaubenssätzen und Gedanken gefüttert und die dementsprechenden Samen in ihm gesät haben, können Sie nur die daraus resultierenden Früchte ernten. Aus diesem Grund spielt es eine wichtige Rolle, Ihre Gedanken zu hinterfragen und sich bewusst die Frage zu stellen, ob Ihre Gedanken der Realität entsprechen oder, ob sie doch eher verzerrt und irrational sind.

Erheben Sie Einspruch:

Sehen Sie sich als Anwalt Ihres positiven Mindsets und suchen nach Beweisen, die die Falschaussagen Ihres Unterbewusstseins und der kleinen gemeinen Gestalt, die in ihm wohnt, widerlegen. Auf diese Weise finden Sie nach und nach erst einmal ein Gleichgewicht, anstatt auf der Seite des negativen Mindsets festzukleben, bevor Sie dann nach und nach auf die Seite des positiven Mindsets wandern. Wenn Sie beispielsweise den Gedanken „Ich kann nichts" haben, suchen Sie nach Beweisen, der diese Aussage widerlegt. Was können Sie gut? Was ist Ihnen besonders gelungen in den letzten Tagen? Stehen Sie als Anwalt für sich selbst und Ihr positives Mindset ein.

Führen Sie positive Selbstgespräche:

Menschen, die mit sich selbst sprechen, sind nicht verrückt, sondern sie füttern Ihr Unterbewusstsein mit bestimmten Glaubenssätzen und Gedankenmustern. Achten Sie einmal auf die Selbstgespräche, die Sie führen und analysieren Sie sie. Sind sie negativer Natur? In diesem Fall wirken Sie diesen negativen Gedanken entgegen und ersetzen Sie die negativen Glaubenssätze durch positive Aussagen – auch Affirmationen genannt. Auf diese gehen wir gleich noch genauer ein, sodass Sie genau wissen, wie Sie sie einsetzen und in Ihre Selbstgespräche integrieren können.

Bauen Sie sich einen mentalen Filter ein:

Sie wissen, wozu ein Filter da ist und wie er funktioniert. Ein mentaler Filter unterstützt Sie dabei, sich nicht auf die negativen Aspekte zu fixieren und sich immer wieder an Ihnen aufzuhängen. Stattdessen unterstützt er Sie dabei, auch die positiven Ereignisse des Tages zu sehen und die Erfolge zu bemerken, die Sie erreicht haben. Natürlich können Sie sich keinen physischen mentalen Filter einbauen. Vielmehr liegt es in Ihrer Hand, Ihre Gedanken zu filtern und sich aktiv auf die Erfolge und positiven Ereignisse zu konzentrieren, die Ihnen tagtäglich widerfahren.

Zu guter Letzt kann in dieser Hinsicht nur noch einmal darauf verwiesen werden, dass die Achtsamkeit und die Mediation, über die Sie nun auch schon mehr erfahren haben, eine gute Unterstützung für Ihre Resilienz im Allgemeinen und auch für Ihr positives Mindset darstellen.

Sollten Sie das Gefühl haben, dass Ihre negativen Gedankenmuster auf Themen und Ereignissen basieren, die Sie nicht alleine bewältigen und aufarbeiten können, suchen Sie sich für diese Zwecke professionelle Hilfe und wenden sich an einen Therapeuten. Nochmal: Sich darüber bewusst zu werden, Hilfe zu brauchen und diese Hilfe anschließend in Anspruch zu nehmen, ist kein Zeichen von Schwäche, sondern vielmehr ein Zeichen großer Stärke.

Techniken zur Förderung des positiven Denkens

Nachdem Sie nun wissen, was negative Gedankenmuster sind und erfahren haben, wie Sie am besten mit ihnen umgehen, geht es nun darum, zu verstehen, welche Techniken Sie nutzen können, um Ihr positives Denken effektiv zu fördern und somit Ihre geistige Resilienz zu stärken. Gleichzeitig fördern Sie durch das positive Denken auch Ihr Selbstwertgefühl und Ihre gute Stimmung.

Finden Sie für sich heraus, welche der Techniken am besten zu Ihnen passt und integrieren Sie sich einfach und unkompliziert in Ihren Alltag.

Affirmationen

Sie haben bereits erfahren, dass Affirmationen für Ihr positives Mindset eine fundamentale Rolle spielen und auch einen wichtigen Bestandteil Ihrer positiven Selbstgespräche sein können. Positive Affirmationen sind positive Aussagen, die Sie immer wieder wiederholen, sodass Sie sich in Ihrem Unterbewusstsein festsetzen und somit – wenn Sie so wollen – eine Systemänderung durchführen: Vom negativen Mindset, zum positiven Mindset. Wenn Sie ein technisches Gerät besitzen und an diesem schon einmal ein Update durchgeführt haben, wissen Sie, dass Updates nicht nur Zeit brauchen, sondern auch immer wieder neu gemacht werden müssen.

Genau so funktioniert das mit der Umstellung Ihres Mindsets durch die Affirmationen (und auch die anderen Methoden). Achten Sie darauf, die Affirmationen mehrmals täglich und über einen langen Zeitraum hinweg zu wiederholen, sodass sie zu einer festen Konstante in Ihrem Leben werden. Positive Affirmationen finden Sie entweder bereits vorformuliert zu gewissen Bereichen (Achtsamkeit, Resilienz, Selbstliebe, etc.), wobei Sie positive Affirmationen auch selbst formulieren können.

Sobald Sie eine negative Denkweise erkannt haben, können Sie diese als Ausgangslage nehmen, um positive Affirmationen zu formulieren. Erkennen Sie beispielsweise die negative Aussage „Ich kann das nicht“ in Ihrem Denkmuster, können Sie daraus zahlreiche positive Affirmationen entwickeln:

- Ich bin stark.
- Ich glaube an mich.
- Ich stecke voller Potenzial.
- Ich entfalte mein Potenzial.
- Ich nähere mich meinen Zielen in meinem Tempo.
- Ich bin gut.
- Ich bin wertvoll.
- Ich schaffe alles, was ich mir vornehme.
- etc.

Die Liste könnte unendlich weitergeführt werden. Finden Sie aus diesem Grund die Affirmationen, mit denen Sie sich am wohlsten fühlen. Anfangs wird es sich unter Umständen komisch anfühlen, diese Affirmationen zu sagen. Sie mögen das Gefühl haben, sich selbst zu belügen, doch nach und nach werden Sie sich an die Affirmationen gewöhnen und merken, wie Sie sich nach und nach immer besser fühlen. Zumal Sie sich mit all den negativen Glaubenssätzen auch angelogen haben – nur, dass es sich für Sie „richtiger" angefühlt hat, sich mit negativen Glaubenssätzen anzulügen, als dies mit den positiven Glaubenssätzen der Fall ist. Die positiven Glaubenssätze sind jedoch Ihre Wahrheit. Werden Sie sich darüber bewusst.

Nutzen Sie die positiven Affirmationen anschließend auch, um positive Selbstgespräche zu führen. Je öfter Ihr Unterbewusstsein die positiven Affirmationen hört, umso besser festigen sie sich und umso schneller ersetzt Ihr positives Gedankenmuster das Negative.

Visualisierungen

Möglicherweise haben Sie schon einmal etwas von Manifestieren und Visualisieren gehört und in diesem Zusammenhang gedacht, dass es sich dabei um nichts anderes als spirituellen Humbug handelt.

Hinter Manifestierungen und Visualisierungen steckt jedoch kein Hokuspokus, sondern vielmehr die Kraft der positiven Gedanken. Wie schon gesagt, sind positive Gedanken kein Zauberstab, der Ihre Wünsche wahr werden lässt, sondern Sie tragen schlicht und ergreifend dazu bei, dass Sie die Türen, die Ihnen immer offenstanden, endlich sehen, weil der Nebel der Negativität verschwunden ist. Sie glauben mehr an sich, Ihre Fähigkeiten und Ihre Kraft und können somit Herausforderungen sehr viel besser meistern – unterschätzen Sie nie die Macht Ihrer Gedanken.

Um die Macht Ihrer Gedanken noch mehr zu stärken, bietet es sich an, auch die Visualisierung zu nutzen, bei der Sie sich bildlich vorstellen, wie Sie einen bestimmten Meilenstein erreichen. Sehen Sie sich, wie

Sie den Meilenstein erreichen und fühlen die Gefühle, die Sie in diesem Moment fühlen. Lassen Sie diese Gefühle durch Ihren ganzen Körper strömen und sehen diese Visualisierung als Ihre Realität.

Auf diese Weise lenken Sie Ihre Schritte in die Richtung, die Sie zu Ihren Zielen führen wird, weil Sie sich bereits an diesem Ziel gesehen haben und die Gefühle gespürt haben, die mit dem Erreichen des Ziels einhergehen.

Dankbarkeit

Wann haben Sie das letzte Mal Dankbarkeit verspürt? Wann waren Sie das letzte Mal richtig dankbar für Ihren Tag?

Wenn Sie darüber nachdenken, wie Sie Ihren Tag erleben, was erscheint in diesem Zusammenhang vor Ihrem inneren Auge? Erscheinen all die negativen Dinge, die Sie erlebt haben und stellen damit die positiven Dinge in den Schatten?

Oft wissen wir Menschen gar nicht, wie gut es uns geht und wie viele Dinge wir täglich erleben, für die wir dankbar sein sollten. Die Selbstverständlichkeit hindert uns jedoch daran, sodass wir das Gefühl haben, dass uns nichts widerfährt, das uns dankbar werden lässt.

Doch die Dankbarkeit spielt in dem Zusammenhang mit dem positiven Mindset und der Resilienz eine fundamentale Rolle. Je mehr Sie sich in der Dankbarkeit üben, umso mehr lernen Sie, Ihren Blick auf die positiven Dinge in Ihrem Leben zu lenken.

Am besten schreiben Sie ein Dankbarkeitstagebuch, in dem Sie jeden Abend, bevor Sie schlafen gehen, mindestens 5 Dinge (gerne auch mehr) festhalten, für die Sie dankbar sind. Das müssen keine großen Dinge sein, sondern alleine Dinge wie:

- eine schöne Blume am Wegesrand
- ein Lächeln eines Passanten
- ein freier Sitzplatz in dem sonst so vollen Bus

- die neu aufgefüllte Joghurtreihe, sodass Sie Ihren Lieblingsjoghurt kaufen können
- ein leckerer Kaffee
- ein schönes Gespräch
- ein besonders leckeres Essen
- uvm.

sein.

Finden Sie den Blick für die kleinen Dinge in Ihrem Leben wieder die, sobald Sie merken, wie dankbar Sie für diese Dinge sein können, gar nicht mehr so klein sind. Sie wachen morgens gesund auf, haben warmes Wasser und etwas zu Essen – dankbar dafür zu sein, stärkt Ihr positives Mindset und gleichzeitig auch Ihre Resilienz.

Die Menschen in Ihrer Umgebung

Die Menschen, mit denen Sie sich umgeben haben einen größeren Einfluss auf Sie, als Sie anfangs möglicherweise denken mögen. Sie wirken sich mit Ihrem Verhalten und Ihren Aussagen unter anderem auf:

- Ihre Denkweisen
- Ihre Handlungen
- die Sichtweisen, die Sie in Ihrem Leben haben
- etc.

auf.

Achten Sie aus diesem Grund auf die Menschen, mit denen Sie sich in Ihrem Leben umgeben und legen Wert auf gesunde Beziehungen, die Ihnen guttun, anstatt Sie zu schlauchen und Ihnen Energie zu rauben.

Selbstfürsorge und Selbstakzeptanz

Über die Rolle der gesunden Ernährung und der Bewegung in Ihrem Leben haben Sie bereits mehr erfahren. Achten Sie aus diesem Grund darauf, der physischen und auch der psychischen Gesundheit in Ihrem

Leben einen hohen Stellenwert zu geben. Kümmern Sie sich um sich selbst, achten Sie auf sich und lassen

- einen ausgewogenen und ausreichenden Schlaf
- eine gesunde Ernährung
- ausreichend Bewegung

zu festen und selbstverständlichen Konstanten in Ihrem Leben werden.

Die wissenschaftlich bestätigte Psychosomatik bestätigt, dass sich die körperliche Gesundheit auf die psychische Gesundheit auswirkt und andersherum. Aus diesem Grund werden Sie sie – wenn Sie sich körperlich wohl fühlen, indem Sie sich um sich selbst kümmern – auch positiver denken.

Dazu gehört unter anderem auch, dass Sie sich selbst mit all Ihren Schwächen und Stärken akzeptieren und sich vor Augen führen, dass der Perfektionismus nicht existiert. Jeder Mensch – Sie eingeschlossen – ist einzigartig und so wie er ist, genau richtig. Je mehr Sie sich selbst akzeptieren, umso besser fühlen Sie sich mit sich selbst, was sich wiederum positiv auf Ihr positives Denken und Ihre Resilienz auswirkt.

Fehler und ihre Lernmöglichkeiten

Wie gehen Sie mit Fehlern um? Vor allem mit Ihren eigenen Fehlern? Diese Unterscheidung spielt eine fundamentale Rolle, da Menschen oft sehr viel nachsichtiger mit den Fehlern anderer Menschen sind, als das bei ihren eigenen Fehlern der Fall ist.

Des weiteren gehen viele Menschen Herausforderungen aus dem Weg und meiden neue Wege, weil sie Angst davor haben, Fehler zu machen. Das liegt an der Tatsache, dass Fehler in der Gesellschaft zum größten Teil als das große und gemeine Monster gesehen werden.

In Wahrheit stecken hinter Fehlern jedoch viele Lernmöglichkeiten. Nur, weil Sie einen Fehler machen, heißt das nicht, dass Sie sich nicht Ihrem Ziel nähern. Jedes Mal, wenn Sie einen Fehler machen, werden

Sie um einige Erfahrungen reicher und Sie wachsen über sich selbst hinaus.

Je mehr Sie Ihre Fehler als Lernmöglichkeit sehen, anstatt sie als dieses gemeine Monster zu sehen, umso mehr fördern Sie dadurch Ihr positives Denken.

Positive Medien und Literatur

Sie haben bereits erfahren, wie Ihr Unterbewusstsein funktioniert, weshalb Sie sich nun vorstellen können, wie sich negative Medien und negative Literatur auf Sie und auf Ihre Stimmung auswirkt.

Aus diesem Grund können Sie Ihre positive Denkweise und Ihr Mindset dadurch fördern, indem Sie darauf achten, positive:

- Bücher
- Filme
- Musik
- Dokumentationen

zu konsumieren. Positiv bedeutet in diesem Zusammenhang, dass diese Medien und die Literatur positive Botschaften vermitteln, Sie inspirieren und ein gutes Gefühl in Ihnen auslösen.

Die Mediation und die Achtsamkeit

Sie wissen bereits, dass die Mediation und die Achtsamkeit mitunter zu den Bausteinen gehören, mit dem Sie das Fundament der Resilienz bilden. Aus diesem Grund besuchen Sie am besten noch einmal den Teil der Reise, auf dem Sie auf die Meditation und die Achtsamkeit stoßen, sodass Sie diese beiden Bausteine mit in Ihren Alltag integrieren.

Indem Sie meditieren und sich in Achtsamkeit üben, lernen Sie Ihren Körper und Ihren Geist besser kennen und können somit auch sehr viel besser positiv denken und Ihre Aufmerksamkeit auf die positiven Aspekte Ihres Lebens lenken.

Integrieren Sie diese Techniken in Ihren Alltag, finden heraus, welche Techniken Ihnen am besten taugen und merken, wie sich das positive Mindset nach und nach immer mehr in Ihrem Unterbewusstsein etabliert und sich somit auf Ihr Denken und auf Ihr Handeln auswirkt.

Kapitel 6: Soziale Unterstützung und Beziehungen pflegen

Um Ihre Resilienz zu stärken, dürfen Ihre zwischenmenschlichen Beziehungen nicht zu kurz kommen, weshalb es für Sie eine wichtige Rolle spielt, sich unter anderem auch mit dem Thema der sozialen Unterstützung auseinanderzusetzen.

Aus diesem Grund erhalten Sie in diesem Teil der Reise viele praktische Ratschläge rund um die soziale Unterstützung und die zwischenmenschlichen Beziehungen, die Sie einfach in Ihren Alltag integrieren können, um anschließend die Resultate bezüglich der Resilienz zu betrachten.

Auf Ihrer Reise sind Sie bereits ein ganzes Stück nach vorne gekommen und haben viele Erkenntnisse erlangt. Freuen Sie sich auf diesen Teil der Reise und darauf, das Fundament für das Haus der Resilienz immer weiter auszubauen.

Die Bedeutung von sozialen Beziehungen

Sicherlich spricht nichts dagegen, manchmal einfach seine Ruhe haben und alleine sein zu wollen. Vielleicht kennen Sie auch die Momente oder gar die Tage, wenn Sie niemanden sehen möchten und sich einfach nur ins Bett oder auf die Couch kuscheln und kein Wort mit niemandem wechseln müssen.

Diese Tage sind vollkommen in Ordnung und dürfen auch vorkommen. Allerdings ist der Mensch an und für sich kein Einzelgänger, sondern ein Herdentier, weshalb die sozialen Beziehungen einen unglaublich hohen Stellenwert im Leben eines jeden Menschen einnehmen.

Sie wirken sich auf:

- das Wohlbefinden
- die geistige Gesundheit
- die Resilienz
- uvm.

aus und tragen somit ihren Anteil zu einem stressfreien, selbstbewussten und erfüllten Leben bei.

Sie haben bereits ein paar Informationen über die sozialen Beziehungen erfahren, da Sie Ihnen auf Ihrer Reise bereits über den Weg gelaufen sind, doch an diesem Meilenstein machen Sie eine etwas längere Rast und tauchen somit noch tiefer in diesen Bereich der Resilienz ein.

So setzen sich die sozialen Beziehungen unter anderem aus den folgenden Bestandteilen zusammen:

- Die emotionale Unterstützung von Familien, Freunden oder anderen Menschen im Umfeld, die mit Ihrer Anwesenheit, dem Zuhören und Ratschlägen die Belastung deutlich verringern können und somit vor allem in anstrengenden Zeiten des Stresses, der Trauer und der Unsicherheit unterstützen können.
- Die praktische Hilfe, die dann greift, wenn bei alltäglichen Aufgaben unterstützt wird, sodass sich der Stress verringert, weil die To-Do-Liste und der Druck schrumpfen.
- Der Austausch von Freude und positiven Erfahrungen, die Ihr Wohlbefinden stärken und den Blick für die positiven Ereignisse in Ihrem Leben schärfen. Denn während geteiltes Leid halbes Leid ist, ist geteilte Freude doppelte Freude! Menschen in

Ihrem Umfeld unterstützen Sie nicht nur in stressigen und belastenden Momenten, indem sie Ihnen zuhören und Ihre Unterstützung anbieten, sondern auch das Teilen von schönen Erfahrungen und Freude schweißt zusammen und wirkt sich positiv auf das Wohlbefinden aus.

- Die Lösung von Konflikten, die Sie dabei unterstützt, über sich hinaus zu wachsen und zu lernen, wie Sie Konflikte konstruktiv lösen.
- Das Empathie und das Mitgefühl, das Sie verstärken, wenn Sie mit anderen Menschen verkehren und lernen, sich in sie hineinzuversetzen.
- Das Selbstwertgefühl, das durch die Interaktion mit Menschen entsteht, die uns guttun, uns lieben und uns schätzen. Diese Menschen erinnern Sie daran, was für einen großen Wert Sie haben, was sich wiederum auf Ihr Selbstwertgefühl und Ihr Selbstvertrauen auswirkt. Nicht umsonst sagen Wissenschaftler, dass der Grundstein für Selbstliebe, Selbstbewusstsein, Selbstvertrauen und Co in der Kindheit gelegt wird, indem die Eltern die Kinder mit Liebe, Respekt und Würde behandeln. Auch im Erwachsenenalter wirkt sich die menschliche Interaktion jedoch, wie bereits genannt, auf die vielen Aspekte der Selbstliebe, des Selbstvertrauens, des Selbstbewusstseins und Co aus.
- Die Verbindung und die Zugehörigkeit, die durch das Zusammensein mit der Familie und Freunden entsteht. Menschen wollen sich als soziale Wesen zugehörig fühlen, weshalb sich die Verbindung und die Zugehörigkeit positiv auf Ihre Resilienz auswirken.
- Die Bewältigung der Einsamkeit, die durch das Zusammensein mit anderen Menschen entsteht. Da der Mensch, wie bereits erwähnt, ein soziales Wesen ist, kann er auf Dauer nicht alleine sein. Das soll natürlich nicht heißen, dass schlechte Gesellschaft besser ist als keine Gesellschaft! Es spielt in jedem Fall eine wichtige Rolle, dass es sich um gesunde zwischenmenschliche Beziehungen handelt, die liebevoll und respektvoll sind. Toxische Beziehungen bewirken eher das Gegenteil. Achten Sie

aus diesem Grund immer darauf, mit welchen Menschen Sie sich in Ihrem Leben umgeben.

Da die sozialen Beziehungen eine so große und wichtige Rolle in Ihrem Leben spielt, ist es wichtig, dass Sie sich um diese Beziehungen bemühen und sie pflegen. In diesem Zusammenhang führen Sie sich am besten vor Augen, dass jede Beziehung Ihre ganz eigene Dynamik hat. So kann es durchaus sein, dass Sie mit einigen Menschen in Ihrem Leben eine andere Dynamik haben als mit anderen. Aus diesem Grund finden Sie am besten Ihre ganz persönliche Art, Ihre Beziehungen zu pflegen, können sich diesbezüglich aber natürlich ein paar Tipps zu Herzen nehmen:

- Da die Kommunikation das A und O ist, achten Sie am besten immer auf eine offene, ehrliche Kommunikation, bei der beide Gesprächspartner aktiv zuhören und, anstatt aneinander vorbeizukommunizieren, wirklich miteinander kommunizieren.
- Nehmen Sie nicht nur Unterstützung an, sondern bieten auch Ihre Unterstützung an, wenn Sie merken, dass Menschen in Ihrem Umfeld in schweren Zeiten stecken – geben Sie sich aber selbst nicht auf und übergehen Sie vor allem nicht Ihre eigenen Gefühle und Bedürfnisse.
- Verbringen Sie Zeit mit den Menschen in Ihrem Leben und finden Sie Aktivitäten, die Sie gemeinsam machen können. Es muss nichts Aufwändiges sein, sondern Sie können ein Abendessen planen, gemeinsam spazieren gehen, etc.
- Eine Beziehung mit einem Menschen zu haben, heißt nicht, dass Sie das Passwort für Ihr Telefon hergeben und sich vollkommen nackt machen müssen. Dennoch stellen Offenheit und Vertrauen zwei sehr wichtige und fundamentale Komponenten dar, die in Ihren Beziehungen auf der Prioritätenliste weit oben stehen sollten. Bauen Sie Ihre Beziehungen auf Offenheit und Vertrauen auf.
- Lösen Sie Konflikte konstruktiv, anstatt sich dazu verleiten zu lassen, verletzend und ungerecht zu werden. Dass es in Beziehungen zu Konflikten kommt, ist normal und nicht schlimm (vielmehr zeugt es von einer gesunden Beziehung,

wenn jeder seine Meinung frei äußert und somit nicht immer einer Meinung ist), doch die Beziehung ist nur dann gesund, wenn die Konflikte nicht ausarten und die Beziehung durch einen Dauerkonflikt geprägt ist. Lernen Sie also, Konflikte konstruktiv zu lösen und zu einer gemeinsamen Lösung zu kommen.

- Sobald Sie Ihre Bedürfnisse durch mehr Selbstreflexion und Selbstbewusstsein besser kennenlernen, lernen Sie auch Ihre Grenzen besser kennen. Stellen Sie diese Grenzen klar in Ihren Beziehungen auf und lernen „Nein" zu sagen, wenn Sie „Nein" sagen wollen. Akzeptieren Sie andersherum ein „Nein", ohne es direkt persönlich zu nehmen. „Nein" ist keine Beleidigung und kein gemeines Wort, sondern es hilft Ihnen und den Menschen in Ihrem Umfeld dabei, für die eigenen Grenzen einzustehen. Behalten Sie immer im Hinterkopf, dass ein ehrliches „Nein" deutlich besser ist als ein unehrliches „Ja".
- Akzeptieren Sie die Menschen in Ihrem Umfeld so, wie sie sind. Jeder Mensch ist einzigartig und jede Beziehung, die Sie haben, ist einzigartig. Vergleichen Sie die Beziehungen nicht untereinander, sondern erfreuen sich an der Vielfalt, den vielen unterschiedlichen Meinungen und Erfahrungen.

Kümmern Sie sich um die sozialen Beziehungen in Ihrem Leben und legen somit mitunter einen der Grundsteine für das Resilienz-Fundament. Unterschätzen Sie nie, wie sich eine Beziehung auf Ihr Leben auswirkt und haben keine Angst davor, toxische Beziehungen als solche aufzudecken und zu beenden.

Kommunikationsfähigkeiten und Konfliktlösung

Sie haben es bereits gelesen – die Kommunikation ist in einer jeden Beziehung das A und O, weshalb Kommunikationsfähigkeiten ein fundamentales Werkzeug darstellen, das Sie in Ihrem Werkzeugkasten auf der Baustelle für das Fundament der Resilienz immer griffbereit haben sollten.

Das heißt nicht, dass Sie durch die Kommunikationsfähigkeiten nie wieder Konflikte in Ihren Beziehungen haben werden. Doch mit der Unterstützung der Werkzeuge, die Sie in diesem Abschnitt mit an die Hand bekommen, können Sie auftretende Konflikte konstruktiv lösen, ohne dass diese ausarten.

Die Wichtigkeit der Kommunikationsfähigkeiten liegt in dem Aspekt, dass es in Beziehungen schlicht und ergreifend zu Konflikten kommen kann. Anstatt jedoch Benzin ins Feuer zu kippen, mit dem Finger auf das Gegenüber zu zeigen und sich dadurch immer weiter hochzuschaukeln, können Sie durch die Kommunikationsfähigkeiten Ihre Gedanken, Ihre Gefühle und auch Ihre Bedürfnisse klar ausdrücken und Ihrem Gesprächspartner gleichzeitig aktiv zuhören.

Zusammengefasst sprechen also die folgenden Gründe dafür, sich um die eigenen Kommunikationsfähigkeiten zu bemühen und an ihnen zu arbeiten:

- Die Ausdrucksweise wird klarer, da Sie Ihre Gedanken und Gefühle klar ausdrücken können, ohne dass es zu Missverständnissen kommt, weshalb Konflikte sehr viel besser vermieden werden können, wenn Sie klar kommunizieren.
- Das Einfühlungsvermögen steigt, wenn Sie aktiv zuhören und sich somit in Ihr Gegenüber hineinversetzen. Es fällt sehr viel leichter sich in andere Menschen hineinzuversetzen, wenn Sie bei Konflikten von Ihren Gefühlen und Sichtweisen sprechen, als wenn sie mit dem Finger zeigen und unklar, sowie emotionsgeladen streiten.
- Die Beziehungen verbessern sich, wenn die Beteiligten klar und offen kommunizieren, da das gegenseitige Verständnis steigt und dadurch Vertrauen und ein Gefühl der Verbundenheit geschaffen werden.
- Ihr Selbstbewusstsein profitiert von einer klaren Kommunikation, da Sie Ihre Gefühle und Bedürfnisse besser

kommunizieren. Dadurch lernen Sie sich selbst besser kennen, was sich auf Ihr Selbstbewusstsein und auch Ihr Selbstvertrauen äußerst positiv auswirkt.

- Sie wachsen über sich hinaus, was Sie unter anderem zur positiven Veränderung ermutigt und Sie dabei unterstützt, Probleme zu lösen und sowohl im persönlichen als auch im beruflichen Bereich zu wachsen und sich weiterzuentwickeln.
- Nach und nach wird es Ihnen immer leichter fallen, Probleme zu lösen und sich mit Konflikten auseinanderzusetzen, ohne Angst vor ihnen zu haben. Das minimiert auch Ihr Stresslevel, da ungeklärte Konflikte oft zu Stress führen. Durch eine konstruktive Konfliktlösung sinkt also Ihr Stresslevel, da Sie wissen, dass die Konflikte mit hoher Wahrscheinlichkeit nicht ausarten.

Natürlich wirkt sich das alles auch besonders positiv auf Ihre Resilienz aus und auch Ihr berufliches Leben profitiert von Ihren Kommunikationsfähigkeiten. Je klarer Sie in Ihrem beruflichen Leben kommunizieren können, umso besser können Sie verhandeln, effektiv im Team arbeiten und Ihre berufliche Entwicklung somit vorantreiben.

Praktische Tipps zur Verbesserung der Kommunikationsfähigkeiten

Um Ihre Kommunikationsfähigkeiten verbessern zu können, können Sie sich einige Tipps zu Herzen nehmen:

- Aktives Zuhören: Hören Sie Ihrem Gegenüber aktiv zu und zeigen durch Fragen oder durch das Wiederholen in anderen Worten des Gesagten, dass Sie Ihr Gegenüber wahrgenommen und verstanden haben.
- Klarheit und Präzision: Vermeiden Sie gefühlsgeladene Gespräche, sondern sprechen stattdessen präzise und klar. Ihre Aussagen sollten nicht mehrdeutig sein, sondern so ankommen, wie sie diese meinen.
- Beachten der Körpersprache: Wussten Sie, dass der größte Teil der Kommunikation über die Körpersprache stattfindet?

Sicherlich spielt das, was Sie sagen eine wichtige Rolle, doch auch Ihre Körpersprache sendet Ihrem Gegenüber er Botschaften, weshalb Sie Ihre Körpersprache im Griff haben und durch sie Ihrem Gegenüber mitteilen sollten, dass Sie aufmerksam sind. Wenden Sie sich Ihrem Gegenüber zu, verschränken die Arme nicht und achten allgemein auf Ihre Mimik und Ihre Gestik.

- Geduld: Natürlich kann es sein, dass Ihr Gegenüber gerade etwas sagt, woraufhin Sie direkt antworten wollen, doch es ist wichtig, ihm die Zeit zu geben, seine Gedanken zu beenden und zu sagen, was er sagen wollte. Üben Sie sich aus diesem Grund in Geduld, beißen sich notfalls auf die Zunge und lassen Ihren Gesprächspartner ausreden.
- Gefühle ausdrücken: Dass Sie Gefühle nicht unterdrücken sollten, haben Sie bereits erfahren. Auch in Konflikten spielt es eine wichtige Rolle, Ihre Gefühle nicht zu unterdrücken, sondern Sie zuzulassen, allerdings keinen Gefühlsvulkan ausbrechen zu lassen. Kommunizieren Sie Ihre Gefühle offen und klar und vermeiden somit Konflikte und Missverständnisse, die durch das Unterdrücken der Gefühle entstehen können.
- Konstruktives Feedback: Wenn Sie den Drang danach haben, Feedback zu geben, achten Sie stets darauf, dass Sie das auf konstruktive Weise machen. Behandeln Sie Ihr Gegenüber immer mit Respekt und geben kein unqualifiziertes, beleidigendes und persönliches Feedback.

Dass die Konfliktlösung und diese Tipps eine so wichtige Rolle spielen, liegt daran, dass Konflikte, die nicht konstruktiv gelöst werden, zwar nicht direkt automatisch dazu führen müssen, dass die Beziehung ein Ende findet, jedoch durchaus die Beziehung belasten.

Durch eine konstruktive Konfliktlösung mit entsprechenden Kommunikationsfähigkeiten:

- erhalten Sie Ihre Beziehung
- vermeiden Sie Eskalationen

- wachsen Sie persönlich über sich hinaus und lernen immer wieder neue Fähigkeiten

Praktische Tipps zur Konfliktlösung

Nachdem Sie nun wissen, wie Sie Ihre Kommunikationsfähigkeiten verbessern können, ist es interessant zu wissen, wie Sie Konflikte noch besser lösen können. Für diese Zwecke können Sie sich ein paar Tipps und Tricks zu Herzen nehmen:

- Bewahren Sie die Ruhe und lassen Sie sich nicht zu sehr von Ihren Emotionen leiten, da emotionale Reaktionen dazu beitragen können, dass sich die Situation verschlimmert.
- Seien Sie empathisch und versuchen, sich in Ihr Gegenüber hineinzuversetzen und die Situation aus seiner Perspektive zu betrachten.
- Vermeiden Sie es, ständig mit dem Finger auf Ihr Gegenüber zu zeigen und in „Du"-Aussagen zu kommunizieren, sondern nutzen Sie stattdessen „Ich"-Aussagen und gehen von sich, Ihrer Sichtweise und Ihren Gefühlen aus, die Sie Ihrem Gegenüber darstellen.
- Beharren Sie nicht darauf, dass Ihre Lösung die einzig richtige Lösung ist, sondern seien Sie bereit dazu, Kompromisse einzugehen. Auf diese Weise kommen Sie in Konfliktsituationen zu Lösungen, die für beide Parteien akzeptabel sind.

Sollten Sie feststellen, dass Sie – trotz aller Bemühungen, sowie der Hinweise, Tipps und Tricks aus diesem Ratgeber, Probleme mit der Kommunikation haben, kann es sich durchaus anbieten, sich gemeinsam mit dem Gesprächspartner an einen Mediator oder einen Therapeuten zu wenden, der Ihnen bei der Konfliktlösung beiseitesteht.

Die Empathie und das Mitgefühl

Sowohl die Empathie als auch das Mitgefühl gehören mit zu Kommunikationsfähigkeiten, die Sie besitzen sollten, um sich um Ihre sozialen Beziehungen in Ihrem Leben zu kümmern.

Wie Sie bereits erfahren haben, handelt es sich bei der Empathie und bei dem Mitgefühl um zwei grundlegende zwischenmenschliche Fähigkeiten, die es Ihnen erlauben, sich in Ihr Gegenüber hineinzuversetzen. Auf diese Weise können Sie unter Umständen Reaktionen besser verstehen und Konflikte somit auch sehr viel besser lösen.

Zusammengefasst bringen die Empathie und das Mitgefühl also die folgenden positiven Aspekte mit sich:

- Sie haben bessere Beziehungen mit den Menschen in Ihrem Leben, da Sie das Vertrauen und die Verbundenheit dadurch fördern und stärken, dass Sie sich gegenseitig ineinander hineinversetzen und die jeweils andere Seite besser verstehen, wenn Empathie und Mitgefühl Faktoren Ihrer Beziehungen darstellen.
- Konflikte bringen kein so großes Explosionspotenzial mehr mit sich, wenn sich beide Parteien mit Empathie und Mitgefühl ineinander hineinversetzen können. Aus diesem Grund können Konflikte sehr viel konstruktiver gelöst werden. Dadurch sinkt Ihr Stresslevel und Resilienz baut sich immer mehr auf, da Sie lernen, mit Ruhe und Gelassenheit auch in anstrengenden und herausfordernden Situationen stressfrei zu bleiben.
- Von Empathie und Mitgefühl profitiert vor allem Ihre emotionale Gesundheit, was auf den gesunden Beziehungen und der konstruktiven Lösung von Konflikten liegt. Aus diesem Grund haben Sie ein größeres Wohlbefinden und fühlen sich allgemein sehr viel zufriedener.

Praktische Tipps zur Förderung von Empathie und Mitgefühl

Um Ihre Empathie und Ihr Mitgefühl fördern zu können, können Sie sich ein paar Hinweise und Tipps zu Herzen nehmen, die sich auf die folgenden Punkte belaufen:

- Hören Sie aktiv zu, wenn Ihr Gegenüber mit Ihnen spricht.
- Stellen Sie Fragen, um zu zeigen, dass Sie das Gesagte Ihres Gesprächspartners wirklich interessiert.
- Versetzen Sie sich in die Lage des anderen Menschen hinein und fragen sich, wie Sie sich fühlen würden, wenn Sie sich in dessen Situation befinden würden.
- Vermeiden Sie Urteile und Vorwürfe während Sie mit anderen Menschen sprechen und kommunizieren auf diese Weise empathisch.
- Helfen Sie mit Worten oder auch Taten und zeigen auf diese Weise Ihr Mitgefühl.

Wenngleich das Mitgefühl und die Empathie, die Sie Ihren Mitmenschen gegenüberbringen, äußerst wichtige Qualitäten darstellen, sollten Sie in diesem Zusammenhang nie vergessen, sich selbst Mitgefühl gegenüberzubringen. Vielleicht kennen Sie den Spruch, dass Sie andere Menschen nur dann aufrichtig lieben können und sich nur aufrichtig lieben lassen können, wenn Sie sich selbst lieben. Das trifft nicht nur auf die Liebe, sondern auch auf die Empathie zu. Nur, wenn Sie sich selbst Mitgefühl und Empathie gegenüberbringen, können Sie Ihren Mitmenschen gegenüber mitfühlend und empathisch sein.

Üben Sie sich für diese Zwecke in der bereits erwähnten Selbstreflexion, sowie der Achtsamkeit, der Sie ebenfalls auf Ihrer Reise zu mehr Resilienz begegnet sind und kümmern sich vor allem um sich selbst. Achten Sie auf Ihre Bedürfnisse und Gefühle und nehmen Sie sie wahr.

Sicherlich können Sie auch gezielte mentale Trainingstechniken, so wie zum Beispiel Mediationsübungen anwenden, um Ihre Empathie und Ihr Mitgefühl zu fördern.

Die Auswirkungen von Social Media auf zwischenmenschliche Beziehungen

Was für ein großes Suchtpotenzial Social Media mit sich bringt, haben Sie bereits zum Anfang der Reise zu mehr Resilienz erfahren. Sie wissen auch, dass sich Social Media unter Umständen auf die zwischenmenschlichen Beziehungen auswirkt, die Sie in Ihrem Leben haben.

Es spricht nichts dagegen, die vorteilhaften Aspekte der sozialen Medien für sich zu nutzen und von ihnen zu profitieren. Allerdings spielt es eine wichtige Rolle zu wissen, wo die Grenzen sind und, wie eine gesunde Nutzung und Anwendung der sozialen Medien aussehen kann.

Denn es steht außer Frage, dass die sozialen Medien vor allem in den letzten Jahren immer mehr in das Leben der Menschen eingezogen sind und sich dort etabliert haben. Somit wirken Sie sich auch direkt auf die zwischenmenschlichen Beziehungen aus, was Sie bei der Anwendung stets im Hinterkopf behalten sollten.

Positive Aspekte, die Social Media in der heutigen Zeit, in der Menschen viel Reisen oder aufgrund ihrer Arbeit umziehen und sich somit von der Familie und Freunden entfernen müssen, belaufen sich auf die folgenden Punkte:

- Auch über weite Distanzen hinweg, kann die Verbindung aufrechterhalten werden.
- Über verschiedene Plattformen können sich Anwender Informationen über verschiedene Themen aneignen und sich mit anderen Anwendern austauschen.
- Gleichgesinnte können sich über die sozialen Medien zusammenfinden und sich gegenseitig Kraft schenken und sich somit stärken.

Es steht außer Frage, dass Social Media all diese positiven Aspekte mit sich bringt. Doch, auch die Medaille der sozialen Medien hat zwei Seiten, die Sie sich immer wieder vor Augen führen sollten. So belaufen sich negative Aspekte, die die sozialen Medien mit sich bringen auf die folgenden Punkte:

- Viele Beziehungen leiden durch kurze Nachrichten, Memes oder auch nur Bildern unter Oberflächlichkeit und oft fehlt es an Tiefe in den Gesprächen und somit Beziehungen.
- Nicht selten steckt hinter den Sozialen Medien ein nicht zu unterschätzendes Suchtpotenzial, das sich negativ auf die Beziehungen im nahen Umfeld auswirken kann, wenn kaum noch Zeit ist, da die ganze Freizeit auf Social Media verbracht wird.
- Oft vergleichen sich die Anwender der sozialen Medien untereinander, was sich negativ auf das Selbstwertgefühl auswirken kann. Schließlich vergleichen sich die Anwender mit einer Scheinwelt, um die es sich bei Social Media handelt.
- Sowohl der Datenschutz als auch die Sicherheit stellen zwei Aspekte dar, die ein hohes Risiko mit sich bringen, da oft persönliche Informationen offengelegt werden.
- Wer zu viel Zeit auf Social Media verbringt und schließlich auch mit den Gedanken nur noch auf Social Media unterwegs ist, kann auf diese Weise die zwischenmenschlichen Beziehungen negativ beeinflussen.

Um diese möglichen negativen Folgen der Nutzung der sozialen Medien in Grenzen zu halten, können Sie die folgenden Maßnahmen im Hinterkopf behalten und unter Umständen in Ihr Konsumverhalten integrieren:

- Reflektieren Sie die Nutzung der sozialen Medien, um so für sich festzustellen, ob Sie die Zeit, die Sie auf Social Media verbringen, herunterschrauben sollten, oder nicht.
- Setzen Sie sich Zeitlimits und setzen Sie für sich selbst bewusste Zeiten fest, in denen sie offline sind und sich nicht auf Social Media begeben.

- Legen Sie keinen so großen Wert darauf, wie viele Freunde und/oder Follower Sie auf Social Media haben – es geht um die Qualität der Beziehungen und nicht um die Quantität.
- Gehen Sie bewusst mit Ihren persönlichen Informationen und Daten um, sodass Sie Ihre Privatsphäre wahren.

Nehmen Sie sich diese Hinweise und Tipps zu Herzen und achten darauf, Social Media so zu nutzen, dass Ihnen die Anwendung nicht schadet und sich nicht negativ auf Ihre zwischenmenschlichen Beziehungen auswirkt.

Kapitel 7: Kontrolle der Impulse und Disziplin

Lassen Sie Ihre Gefühle zu?
Kennen Sie sich mit Ihren Gefühlen aus?
Wissen Sie, wie Sie Ihre Gefühle regulieren können?

Nicht selten haben Menschen eine geringe Resilienz, weil Sie unter anderen nicht wissen, wie Sie mit Ihren Gefühlen umgehen sollen. Das führt oft dazu, dass Menschen Ihre Impulse nicht im Griff haben, weshalb es in diesem Abschnitt der Reise darum geht zu lernen, wie Sie Ihre Impulskontrolle und Ihre Disziplin verbessern.

Sowohl die Impulskontrolle als auch die Disziplin spielen eine wichtige Rolle, wenn es um den Bau des Fundaments für Ihre Resilienz geht. Durch die Impulskontrolle und die Disziplin können Sie sehr viel zielgerichteter und bewusster zu handeln, wenn Sie sich in stressigen Situationen befinden.

Je besser Sie Ihre Gefühle kennen und je mehr Sie sich Ihrer Impulskontrolle und Disziplin widmen, umso mehr kommen Sie in den Genuss der folgenden positiven Aspekte:

- Sie handeln nicht mehr allzu impulsiv und können auf diese Weise Ziele langfristiger setzen und im Auge behalten, was Ihnen wirklich wichtig ist, ohne sich von ihren unmittelbaren Bedürfnissen ablenken zu lassen. Auch die Entscheidungsfindung wird Ihnen durch die Impulskontrolle sehr viel leichter fallen. Denn Sie treffen Ihre Entscheidungen nicht mehr basierend auf temporären Emotionen und Gefühlen, sondern in Hinblick auf Ihre Werte und die Logik.
- Wenn Sie Ihre Impulse kontrollieren können, profitiert Ihre Selbstbeherrschung von diesem Umstand.
- Geduld und Empathie haben mehr Platz, wenn die Impulskontrolle in Ihr Leben einzieht, weshalb auch Ihre zwischenmenschlichen Beziehungen stark von ihr profitieren werden.
- Je mehr Sie sich mit Ihren Gefühlen und Emotionen auseinandersetzen, umso mehr lernen Sie sich selbst kennen, was auch das Selbstvertrauen und die Selbstachtung fördert und stärkt.
- Wenn Sie durch eine mangelnde Impulskontrolle zum Opfer Ihrer Gefühle, Emotionen und den entsprechenden Reaktionen werden, führt das oft zu Stress, weshalb die Impulskontrolle bei der Stressbewältigung unterstützt.

Praktische Maßnahmen zur Stärkung der Impulskontrolle

Die Impulse zu kontrollieren, mag auf den ersten Blick recht leicht und unkompliziert sein. Auf den zweiten Blick gesehen, fällt es jedoch nicht immer so leicht, sich nicht direkt von seinen Gefühlen und Bedürfnissen leiten zu lassen.

Damit Sie Ihre Impulse besser kontrollieren und die Impulskontrolle somit besser in Ihr Leben integrieren, können Sie sich die folgenden Hinweise und Tipps zu Herzen nehmen:

- Üben Sie sich in Achtsamkeit, über die Sie bereits mehr erfahren haben und nehmen sich die entsprechenden Hinweise zu Herzen.
- Reflektieren Sie sich selbst, um herauszufinden, welche Gefühle in welchen Situationen auftreten, sodass Sie lernen können, wie Sie am besten mit Ihnen umgehen.
- Führen Sie ein Gefühlstagebuch bzw. ein Impulstagebuch, in dem Sie Gefühle und Impulse festhalten, die Ihnen – sofern Sie das Tagebuch regelmäßig führen – dabei helfen, Muster oder auch Auslöser Ihrer Impulse und Gefühle zu erkennen.
- Nutzen Sie die Entspannungstechniken, die Sie bereits kennengelernt haben, zu welchen unter anderem die progressive Muskelentspannung, Yoga und Meditation gehören. Durch den Stressabbau, die diese Entspannungstechniken bewirken, profitiert somit auch Ihre Resilienz von der Impulskontrolle.
- Bewegen Sie sich regelmäßig und integrieren eine regelmäßige sportliche Betätigung in Ihren Alltag.
- Setzen Sie sich im Alltag Ziele, die Sie gut erreichen können, indem Sie sie in kleine Meilensteine aufteilen und nach dem „SMART"-Prinzip definieren (SMART = Specific/Spezifisch, Measurable/Messbar, Achievable/Erreichbar, Relevant/Relevant, Time-Bound/Zeitgebunden). So können Sie kleine Meilensteine erreichen und die damit im Zusammenhang stehenden Ziele erreichen.
- Erstellen Sie To-Do-Listen, auf denen Sie Ihre Aufgaben festhalten, um organisiert zu bleiben – Denn unorganisiert zu sein, führt nicht selten dazu, den Impulsen nachzugeben. Achten Sie darauf, dass Sie die Prioritäten auf Ihrer To-Do-Liste klar definieren, sodass Sie genau wissen, in welche Ziele Sie die meiste Zeit und Arbeit investieren.
- Merken Sie, dass es Ihnen schwerfällt, Ihre Impulse zu kontrollieren, suchen Sie sich Aktivitäten, wie zum Beispiel ein Hobby, mit dem Sie sich ablenken können und, dass in Ihnen das Wohlbefinden fördert und stärkt.

- Nutzen Sie die positiven Affirmationen und Selbstgespräche, die Sie auf der Reise hin zu mehr Resilienz kennengelernt haben und verwenden diese auch dann, wenn Sie merken, wieder in das Muster zu verfallen, Ihren Impulsen nachzugeben.
- Nehmen Sie unter Umständen die Hilfe eines Therapeuten in Anspruch, der Ihnen dabei hilft, Ihre Impulse besser zu kontrollieren, falls Sie für sich bemerken sollten, dass es Ihnen weiterhin schwerfallen sollte. Setzen Sie auch auf die soziale Unterstützung Ihrer Familie und Freunde.
- Schaffen Sie Struktur in Ihrem Leben, indem Sie beispielsweise einen Zeitplan erstellen, an den Sie sich halten können und, der Sie daran hindert, Ihren Impulsen nachzugeben. Versuchungen können Sie auf diese Weise sehr viel besser widerstehen.
- Nutzen Sie die Methode der Visualisierung, die Sie bereits kennengelernt haben, um auf diese Weise zu mehr Motivation zu gelangen. Je motivierter Sie sind, umso leichter wird es Ihnen fallen, Impulsen zu widerstehen und sie zu kontrollieren.
- Belohnen Sie sich ab und an, wenn Sie einem sehr großen Impuls widerstanden haben und besonders diszipliniert waren. Das hält die Motivation aufrecht.

Kombinieren sie diese Strategien und integrieren Sie sie in Ihr Leben. Mit Sicherheit haben Sie in diesem Zusammenhang bereits bemerkt, dass sich viele der Tipps und Ratschläge auf den unterschiedlichen Weges-Abschnitten immer wieder wiederholen. Das liegt daran, dass all diese Aspekte in der Resilienz im Allgemeinen eine wichtige Rolle spielen und Ihre Wurzeln somit in all diesen Bereichen schlagen.

Haben Sie in diesem Zusammenhang keine Angst vor Rückschlägen. Rückschläge sind normal und gehören mit zu der Reise zu mehr Resilienz dazu. Entwickeln Sie für diese Zwecke gezielte Strategien, die Sie verwenden können, wenn Sie einen Rückschlag erleiden sollten. Sie wachsen an den Rückschlägen und werden um Erfahrungen reicher.

Die Beziehung zwischen Impulskontrolle und Disziplin

Die Impulskontrolle steht in einer engen Beziehung mit der Disziplin, da es durchaus einiges an Disziplin verlangt, um die Impulse kontrollieren zu können und, um langfristige Ziele zu erreichen.

Je mehr Sie dazu in der Lage sind, Ihre Impulse zu kontrollieren und an langfristigen Zielen am Ball zu bleiben, umso mehr profitiert auch Ihre Disziplin davon. Je mehr Ihre Disziplin wächst, umso mehr können Sie auch Ihre Impulse kontrollieren – das bedeutet, dass sich diese beiden wichtigen Aspekte gegenseitig ergänzen.

Zusammengefasst bildet die Impulskontrolle also das wichtige Fundament, auf dem die Disziplin anschließend aufbaut. Daraufhin fördert und stärkt die Disziplin dann wiederum die Impulskontrolle.

Da Ihre Impulse Sie unter anderem dazu verleiten könnten, temporären Drängen und Emotionen nachzugeben, schützt sie unter anderem dann, wenn Ihre Disziplin droht, nachzugeben.

Aufgrund der Tatsache, dass die Impulskontrolle und die Disziplin Hand in Hand zusammenarbeiten und sich gegenseitig ergänzen, verfolgen sie auch gemeinsame Ziele. Das wohl größte gemeinsame Ziel, das sie verfolgen, ist das der persönlichen Entwicklung.

Durch die Impulskontrolle und die Disziplin:

- leben Sie bewusster.
- schaffen Sie es sehr viel leichter, schlechte Gewohnheiten zu überwinden.
- können Sie Ihr volles Potenzial ausschöpfen.

Integrieren Sie diese beiden Aspekte in Ihr Leben, um auf diese Weise ein erfüllteres und erfolgreicheres Leben zu führen, Ihre Ziele zu erreichen, Ihre Gesundheit zu verbessern und Ihre Beziehungen zu stärken.

Die Entsexualisierung des Gehirns und die Schritte zur Wiedererlangung der Kontrolle über Ihr Leben

Zum Anfang der Reise hin zu mehr Resilienz haben Sie bereits etwas über die Entsexualisierung des Gehirns gelesen und konnten sich unter Umständen vielleicht nicht viel unter diesem Begriff vorstellen. Doch die Entsexualisierung des Gehirns stellt einen äußerst wichtigen Schritt dar, den Sie auf dem Weg hin zu mehr Resilienz gehen sollten, um auf diese Weise Ihre Gedanken und Ihre Impulse noch besser und noch gezielter regulieren, sowie in Einklang mit Ihren persönlichen Zielen und Werten bringen zu können.

Zu der Entsexualisierung des Gehirns selbst gäbe es, im Grunde genommen, viel zu sagen. Was für Sie jedoch wichtig ist und somit die entscheidende Rolle spielt, ist Folgendes:

Durch Sex, Selbstbefriedigung und das Schauen von Pornos, das für viele Menschen in der heutigen Zeit zum Alltag dazugehört, schießt Ihr Körper Dopamin aus. Ihr Dopaminspiegel steigt somit rapide an, bevor er sehr stark absinkt – anders als dies bei anderen Aktivitäten, die Ihren Dopaminspiegel steigen lassen – der Fall ist.

Die Nachricht, die Ihr Gehirn dadurch erreicht ist, dass Sie durch wenig Anstrengung das befriedigende Gefühl erreichen können und sich aus diesem Grund nicht groß anstrengen müssen und somit auch nicht viel Disziplin brauchen, um Ihren Dopaminspiegel ansteigen lassen zu können.

Somit wirkt sich dieses schnelle und leichte Ansteigen Ihres Dopaminspiegels – die Sexualisierung Ihres Gehirns – negativ auf Ihre Disziplin und folglich auch Ihre Impulskontrolle aus.

Das bedeutet nun nicht, dass Sie auf Sex verzichten müssen, wenn Sie Ihre Disziplin und Ihre Impulskontrolle fördern wollen. Sie können sich jedoch an ein paar fundamentalen Schritten und Hinweisen orientieren, die Sie bei der Entsexualisierung Ihres Gehirns unterstützen:

- Beobachten Sie sich selbst und Ihre sexuellen Impulse und Gedanken und entwickeln somit ein Bewusstsein dafür. Denn das Bewusstsein stellt den ersten Schritt zur Kontrolle dar.
- Reflektieren Sie sich selbst und fragen Sie sich unter anderem, welche Bedeutung Ihre sexuellen Beziehungen in Ihrem Leben haben und, ob diese im Einklang mit Ihren persönlichen Werten stehen. Durch diese Reflexion bilden Sie eine klare Grundlage, die Sie dabei unterstützt, Entscheidungen zu treffen.
- Nun können Sie versuchen herauszufinden, welche Auslöser Ihre sexuellen Impulse verstärken. Sobald Sie herausgefunden haben, welchen Auslöser diese Impulse haben, umso besser können Sie an Strategien arbeiten, die Sie anwenden können, um mit diesen Impulsen umzugehen.
- Stellen Sie fest, dass sexuelle Impulse auftreten, sollten Sie darauf Wert legen, Ihre Aufmerksamkeit auf andere Gedanken und auf andere Aktivitäten zu lenken. Auf diese Weise nehmen Sie den Impulsen den Wind aus den Segeln und können Ihre Aufmerksamkeit wieder auf eine bewusste Entscheidungsfindung lenken.
- Seien Sie stets geduldig mit sich selbst und akzeptieren, dass es sich bei der Entsexualisierung des Gehirns um einen Prozess handelt, der nicht von heute auf morgen erfolgt. Rückschläge sind normal und es ist normal, dass Ihnen dieser Prozess manchmal leichter und manchmal schwerer fällt. Allerdings bedeutet das nicht, dass Sie aufgeben und sich von den Rückschlägen von dem Prozess abhalten sollten.

- Suchen Sie sich, wenn Sie das Gefühl haben, nicht alleine mit dem Prozess klarkommen zu können, professionelle Unterstützung, die Ihnen bei der Bewältigung Ihrer sexuellen Impulse und Gedanken, sowie dem Umgang mit dem Prozess zur Seite steht.
- Legen Sie für sich selbst langfristige Ziele fest, die Sie immer wieder ins Auge fassen können, wenn Ihre sexuellen Impulse drohen, Sie von diesen Zielen abzulenken. Wägen Sie auf diese Weise die kurzfristige Befriedigung, die Sie erhalten, wenn Sie den Impulsen nachgeben, gegenüber den kurzfristigen Erfüllungen Ihrer langfristigen Ziele ab.
- Kümmern Sie sich um sich selbst und um Ihre emotionale, sowie um Ihre körperliche Gesundheit. Je gesünder Sie sind, umso weniger Druck entsteht, der zu sexuellen Impulsen führt. Über die Selbstfürsorge haben Sie in vorherigen Abschnitten des Ratgebers bereits viele Informationen erhalten, die Sie nutzen und in Ihren Alltag integrieren können.

Kapitel 8: Krisenbewältigung und Widerstandsfähigkeit

Vielleicht haben Sie sich schon einmal in einer Krisensituation befunden und gedacht, nie wieder aus ihr herausfinden zu können. Möglicherweise haben Sie auch schon das Gefühl gehabt, das Opfer der Situation zu sein und nicht mehr aus dem tiefen schwarzen Loch herausfinden zu können, in dem Sie sich befunden haben.

Über genau diese Opferrolle haben Sie bereits viele Informationen erhalten. Sie wissen, dass es nichts bringt, sich in die Opferrolle zu begeben, sondern dass Ihr Leben in Ihrer Hand liegt und, dass Sie die Macht darüber haben, zu entscheiden, welchen Lauf Ihr Leben nimmt.

Sie mögen an bestimmten Situationen nichts ändern können, doch Sie haben es in der Hand, wie Sie mit den Situationen umgehen und, wie

Sie in ihnen handeln. Konzentrieren Sie sich stets darauf, was in Ihrer Hand liegt, anstatt sich darauf zu versteifen, was nicht in Ihrer Macht liegt. Entfernen Sie sich von der Schwarzmalerei, von der Negativspirale und der Opferrolle und integrieren stattdessen die Krisenbewältigung in Ihr Leben.

Je mehr Sie auf Ihrer Reise hin zu mehr Resilienz nach vorne kommen, umso besser können Sie Ihre Lebenskrisen bewältigen und weiterhin das positive Mindset behalten, das Sie ebenfalls bereits auf Ihrer Reise kennengelernt haben.

Tauchen Sie in diesem Abschnitt der Reise nun genauer in die Krisenbewältigung ein und lernen, wie Sie zu mehr Widerstandsfähigkeit kommen und gestärkt aus Krisen herausgehen können.

Sie wissen bereits, dass Sie durch die Resilienz:

- zu deutlich mehr emotionaler Stabilität kommen, da Sie Ihre Emotionen besser regulieren können, anstatt sie vollkommen zu ignorieren und zu unterdrücken.
- anpassungsfähiger werden und sich flexibel an Umstände, an denen Sie nicht direkt etwas ändern können, anpassen, anstatt sich von Ihren Emotionen überwältigen zu lassen.
- problemorientierter denken und sich nicht auf das Problem selbst versteifen, sondern Ihren Fokus vielmehr darauflegen, welche Lösungen es zu dem Problem gibt und welche Handlungen sich in diesem Moment anbieten.
- die Realität sehr viel besser akzeptieren, als sich in den Bereich der toxischen Positivität zu begeben oder sich vollkommen in dem schwarzen Loch zurückzuziehen, ohne dass auch nur ein einziger Sonnenstrahl zu Ihnen durchdringen kann.
- selbstwirksamer werden und wissen, dass Sie als Mensch mit Ihren Handlungen einen großen und entscheidenden Einfluss auf Ihre Umgebung haben. Sie wissen, dass Sie Krisen bewältigen können, auch wenn sie herausfordernd sind und negative Gefühle in Ihnen aufkommen lassen.

- Ressourcen, die Ihnen zur Verfügung stehen (unter anderem Zeit, Energie und die Unterstützung von Freunden und Familie) sehr viel besser und strategischer einsetzen können, um auf diese Weise auch Prioritäten zu setzen.
- eine sehr viel bessere langfristige Perspektive haben und Ihren Blick somit nicht ausschließlich auf die Krise selbst lenken, sondern stattdessen Ihre langfristigen Ziele und Werte weiterhin im Blick behalten.
- nach einem Sinn suchen, anstatt sich von der Krisensituation nach unten ziehen zu lassen. Sie wissen, dass Sie aus schlechten Erfahrungen lernen können und an ihnen wachsen.
- die Selbstfürsorge an eine höhere Stelle auf Ihrer Prioritätenliste setzen und sich aktiv um sich selbst und Ihr Wohlbefinden – sowohl aus physischer als auch aus psychischer Sicht betrachtet - kümmern.

Sie haben im Grunde genommen alle wichtigen Tipps, Hinweise und Tricks bereits erhalten, die Sie brauchen, um Krisen bewältigen zu können, doch, hier erhalten Sie noch einmal einen Überblick über alle Strategien, die Sie für die Bewältigung der Lebenskrisen brauchen:

- Die emotionale Regulierung, die mit der Achtsamkeit Ihrer Gefühle und Bedürfnisse gegenüber einhergeht.
- Die Problemlösungsfähigkeiten, die Sie dabei unterstützen, Probleme klar zu definieren und sich auf die Lösungs- und Handlungsfindung konzentrieren.
- Die effektive Kommunikation, die vor allem in belastenden Krisensituationen für mehr Klarheit sorgt und somit einen wichtigen Bestandteil der Lösungsfindung darstellt.
- Das Stressmanagement, das Sie unter anderem durch Atemübungen, progressive Muskelentspannung und andere Achtsamkeitsmediationen in Ihr Leben integrieren, um so auch in Krisen die Ruhe bewahren zu können und einen klaren Kopf zu behalten.
- Die Flexibilität und die Anpassungsfähigkeit, die Sie dabei unterstützt, sich an neue Umstände anzupassen, ohne dabei

Ihre Gefühle und Bedürfnisse zu unterdrücken. Sie können somit sehr viel besser auf unerwartete Wendungen reagieren.

- Die Selbstfürsorge, die Sie dabei unterstützt, sich um Ihr geistiges und physisches Wohlbefinden zu kümmern, sodass Sie allgemein sehr viel entspannter sind.
- Die Unterstützung Ihrer Familie und Freunde, die Ihren Stresspegel senken und viel Druck und Belastung von Ihnen nehmen kann.
- Die Akzeptanz, dass Sie bestimmte Dinge schlicht und ergreifend nicht in Ihrer Kontrolle haben und, dass Fehler nichts Schlimmes, sondern vielmehr Lernmöglichkeiten sind.
- Das Ressourcenmanagement, bei dem Sie Ihre Ressourcen klug und gekonnt positionieren, um Krisen zu bewältigen.
- Die Selbstreflexion, mit der Sie sich selbst, Ihre Gefühle und Ihre Handlungen reflektieren und besser zu Lösungen kommen, indem Sie Ihre Gefühle und Emotionen besser regulieren.

Diese Strategien, die Sie bereits kennen und, die Sie sich auch noch einmal in den vorherigen Kapiteln dieses Ratgebers genauer durchlesen können, unterstützen Sie bei der Bewältigung von Krisensituationen. Außerdem wachsen Sie immer wieder über sich selbst hinaus und integrieren die Resilienz immer mehr in Ihr Leben, bis sie zu einer selbstverständlichen Konstante wird.

Die Bedeutung von Anpassungsfähigkeit

Vor allem in Krisensituationen spielt die Anpassungsfähigkeit eine fundamentale Rolle, weshalb – obwohl Sie bereits einige Informationen rund um die Anpassungsfähigkeit erhalten haben – dieser Abschnitt nun noch etwas genauer auf diese fundamentale Fähigkeit eingeht.

Der Grund für den Umstand, dass die Anpassungsfähigkeit in Krisensituationen eine so wichtige Rolle spielt, liegt daran, dass Krisen oft Hand in Hand mit Unsicherheiten und Wandel gehen. Oftmals fällt es schwer, in Krisensituationen zu planen, weshalb es für Menschen, die sich in Krisensituationen befinden, eine umso wichtigere Rolle spielt, sich um Ihre Anpassungsfähigkeit zu kümmern und sie zu stärken.

Zu der Anpassungsfähigkeit gehören dabei unter anderem die folgenden Aspekte, die Sie diesbezüglich im Hinterkopf behalten sollten:

- Die Flexibilität, mit der Sie effektiv auf unerwartete Veränderungen und Herausforderungen reagieren können, ohne sich von alten Routinen und Denkmustern aufhalten zu lassen.
- Die Problemorientierung, durch die Sie sich nicht auf das Problem, sondern auf die Lösungs- und Handlungsmöglichkeiten konzentrieren.
- Die Lernbereitschaft, durch welche Sie sich auf neue Erfahrungen einlassen und aus Ihnen lernen. Sie sehen neue Wege nicht als nervigen Umweg, sondern als Möglichkeit, neues Wissen zu erlangen.
- Die Widerstandsfähigkeit, die Sie dabei unterstützt, sich schneller von Rückschlägen zu erholen und sich nicht von Ihnen zu Boden bringen zu lassen.
- Die Stressbewältigung, durch die Sie auch in stressigen Situationen die Ruhe bewahren und somit auch den Stress minimieren.
- Die Kreativität, mit der Sie kreative Lösungen finden und auch Optionen in Erwägung ziehen, die Sie möglicherweise sonst nicht in Betracht gezogen hätten. Nur, weil Sie gerade keine Lösung für eine Situation haben, bedeutet das nicht, dass es keine Lösung gibt. Verschiedene Denkweisen führen zu unterschiedlichen Lösungen – seien Sie also kreativ.
- Das Selbstvertrauen, durch welches Sie an sich selbst glauben und darauf vertrauen, dass Sie die beste Lösung für sich in der Situation finden, in der Sie sich befinden. Auf diese Weise kommen Sie auch zu deutlich mehr Selbstbewusstsein und Zuversicht.

- Die Selbstwirksamkeit, die in Ihnen die Zuversicht unterstützt, dass Sie mit Ihren Taten einen Einfluss auf Situationen haben.
- Die Beziehungen zu Ihren Mitmenschen, die Ihnen Unterstützung – mental und durch Taten – anbieten können, wenn Sie sich in Krisensituationen befinden.
- Die langfristige Perspektive, die Sie dabei unterstützt, nicht das langfristige Ziel aus den Augen zu verlieren und sich nicht aus der Bahn werfen zu lassen, nur weil Sie durch die Krisensituation unter Umständen einen anderen Weg gehen müssen, den Sie vorher nicht geplant hatten.

Wie Sie sehen, setzt sich die Anpassungsfähigkeit aus vielen unterschiedlichen Aspekten zusammen, was noch einmal unterstreicht, dass sie in Krisensituationen und auch in Hinblick auf die Resilienz im Allgemeinen eine fundamentale Rolle spielt.

Je mehr Sie die Anpassungsfähigkeit in Ihr Leben lassen, umso mehr wachsen Sie auch persönlich über sich hinaus und integrieren die Resilienz immer mehr in Ihr Leben.

All diese Bestandteile der Anpassungsfähigkeit, stellen zu derselben Zeit auch die Aspekte dar, an denen Sie arbeiten können, um Ihre Anpassungsfähigkeit zu fördern und somit zu stärken. Nehmen Sie sich die vorherigen Kapitel und Meilensteine Ihrer Reise zu mehr Resilienz zu Herzen, lesen Sie sich die praktischen Tipps und Hinweise noch einmal durch und arbeiten an den einzelnen Aspekten, um so zu mehr Anpassungsfähigkeit und mehr Resilienz zu kommen.

Kapitel 9: Lebensqualität steigern

Nach all den Informationen, Übungen, Tipps, Tricks und Hinweisen, die Sie rund um die Resilienz auf Ihrer Reise erhalten haben, wissen Sie inzwischen, dass die Resilienz in vielen Bereichen Ihres Lebens eine fundamentale Rolle spielt und aus diesem Grund in jedem Fall einen festen Bestandteil in ihm darstellen sollte.

Sie wirkt sich nicht nur auf stressige Situationen, Krisen und Herausforderungen positiv aus, sondern sie stellt allgemein sicher, dass Sie von einer sehr viel besseren und höheren Lebensqualität profitieren.

Warten Sie jedoch nicht darauf, dass die Resilienz in Ihr Leben einzieht, sobald Sie das Fundament aus all den Steinen gebaut haben, bis Sie von einer besseren Lebensqualität profitieren, sondern arbeiten Sie gezielt daran, Ihre Lebensqualität zu steigern, indem Sie sich ein paar hilfreiche Tipps und Hinweise diesbezüglich zu Herzen nehmen.

Viele Menschen haben die Angewohnheit mit Veränderungen zu warten und sich bestimmte Termine zu setzen. Sehen Sie sich beispielsweise einmal die guten Vorsätze an, die sich Menschen zum neuen Jahr machen. Warum warten Menschen bis zum neuen Jahr? Wieso starten sie nicht direkt? Was hat das neue Jahr, das ein anderer beliebiger Wochentag nicht hat?

Wenn es nicht das neue Jahr ist, ist es der nächste Montag oder der nächste Monatsanfang.

Warten Sie nicht darauf, dass sich die Resilienz in Ihrem Leben festigt, bevor Sie sich Ihrer besseren Lebensqualität widmen, sondern arbeiten Sie parallel zu der Integration der Resilienz mit all ihren Bausteinen in Ihr Leben, an Ihrer Lebensqualität. Schließlich wirkt sich eine steigernde Lebensqualität auch auf Ihre Resilienz aus, die von Ihrem Wohlbefinden profitiert.

Die Auswirkungen von Resilienz auf die Lebensqualität

Dass sich die Resilienz positiv auf Ihre Lebensqualität auswirkt, haben Sie nun bereits erfahren. Was für Sie jedoch nun eine wichtige und interessante Rolle spielt, ist die Frage danach, um welche Lebensbereiche es sich nun genau handelt.

Sie werden während des Lesens merken, dass Sie im Laufe Ihrer Reise nun schon mehrfach auf diese Bereiche gestoßen sind. Das liegt, wie bereits in einem vorherigen Kapitel erklärt, an dem Umstand, dass die Resilienz große Auswirkungen in Ihrem Leben hat und viele Bereiche voneinander abhängig sind und sich gegenseitig beeinflussen.

Im Grunde genommen stellen all die Reiseabschnitte, die Sie auf Ihrer Reise begegnet sind, Aspekte dar, die sich allgemein positiv auf Ihr Wohlbefinden und somit folglich auch auf Ihre Lebensqualität auswirken.

Die Bereiche, auf die sich die Resilienz in Ihrem Leben positiv auswirkt und somit die Lebensqualität enorm steigert, stellen unter anderem die Folgenden dar:

- Das emotionale Wohlbefinden, das Sie unter anderem dadurch erreichen, dass Sie deutlich mehr im Einklang mit Ihren Gefühlen, Ihren Bedürfnissen und Ihren Grenzen sind. Auf diese Weise erhalten Sie eine allgemein sehr viel positivere Einstellung und eine große emotionale Stabilität. All das führt zu einem größeren emotionalen Wohlbefinden, von dem Sie profitieren.
- Die besseren zwischenmenschlichen Beziehungen, die auf einer besseren, klaren und konstruktiven Kommunikation basieren. Indem Sie zu mehr Empathie und Einfühlungsvermögen

gelangen und dazu in der Lage sind Hilfe und Unterstützung nicht nur anzunehmen, sondern auch zu geben, stärken Sie die Beziehungen zu den Menschen aus Ihrem Umfeld.

- Die psychische und die physische Gesundheit, die sich – ganz im Namen der Psychosomatik – gegenseitig beeinflussen. Wenn Sie sich mit sich selbst auseinandersetzen und an sich selbst arbeiten, während Sie sich auf der Reise zur Resilienz befinden, fühlen Sie sich sowohl geistig als auch körperlich wohler und haben ein sehr viel geringeres Risiko an psychischen Krankheiten zu erkranken oder unter körperlichem Unwohlsein zu leiden.
- Der Erfolg im Berufsleben, der darauf basiert, dass Sie durch die Resilienz sehr viel besser mit Stress und Herausforderungen umgehen können und sich auch sehr viel besser Dinge zutrauen, da Sie in sich und Ihre Fähigkeiten, sowie Ihre Selbstwirksamkeit glauben. Wenn es in Ihrem Beruf gut läuft, wirkt sich das auch wieder auf Ihr allgemeines Wohlbefinden und Ihre Lebensqualität aus.
- Die Bewältigung von Lebenskrisen, die Ihnen zwar natürlich nicht wie ein Zuckerschlecken leichtfallen mag, durch die Resilienz und all die anderen positiven Aspekte, die sie mit sich bringt, etwas einfacher fallen wird. Indem Sie Ihren Blick auf das Positive lenken und sich nicht in die Opferrolle begeben, kommen Sie mit der Bewältigung von Lebenskrisen sehr viel besser klar und gehen gestärkt aus ihnen hervor.
- Das Selbstvertrauen, das auf der Reise zu mehr Resilienz immer mehr wächst. Sie lernen sich selbst besser kennen, setzen sich mit sich selbst auseinander und gewinnen – je mehr Sie lernen mit Stress, Herausforderungen und anderen schweren Situationen umzugehen – immer mehr an Selbstvertrauen. Je mehr Sie in sich selbst glauben, umso leichter wird es Ihnen auch fallen, die Zukunft optimistisch zu betrachten.
- Die Selbstregulation, zu der Sie kommen, indem Sie sich genauer mit Ihren Gefühlen und Emotionen auseinandersetzen. Auf diese Weise lernen Sie, wie sie sie sehr viel besser

regulieren, was wiederum zu mehr Zufriedenheit und Wohlbefinden führt.

- Das posttraumatische Wachstum, was bedeutet, dass Sie Traumata und schwere Lebenskrisen sehr viel besser bewältigen und aufarbeiten können, wenn Sie die Resilienz mit dem Fundament und all den Aspekten, die mit ihr einhergehen, in Ihr Leben lassen. Sie schaffen es, auch aus traumatischen Situationen gestärkt hervorzugehen und den Blick für die Zukunft und die positiven Aspekte in Ihrem Leben nicht zu verlieren.

Allgemein kommen Sie durch all diese Bereiche zu einer deutlich höheren Lebenszufriedenheit und somit auch zu einer höheren Lebensqualität.

Ziele setzen und Träume verfolgen

Während Sie an Ihrer Resilienz arbeiten, können Sie sich auch aktiv darum kümmern, Ihre Ziele und Träume zu verfolgen, um so zeitgleich an Ihrer Lebensqualität und Zufriedenheit zu arbeiten. Um genau zu sein, unterstützt Sie die Resilienz dabei, Ihre Ziele und Träume klar zu definieren, zu setzen und anschließend zu verfolgen. Das liegt mitunter an der Tatsache, dass Sie durch die Resilienz:

- Widerständiger gegen Rückschläge sind, denen Sie auf dem Weg hin zu Ihren Zielen und Träumen begegnen könnten.
- Eine sehr viel größere Ausdauer haben und länger am Ball bleiben, weil Sie lernen, Ihre Impulse zu kontrollieren.
- Flexibel bezüglich der Erreichung Ihrer Ziele sind und sich nicht aus der Bahn werfen lassen, wenn Sie einen anderen Weg gehen müssen, als ursprünglich geplant war.
- Sehr viel optimistischer sind und mit mehr Selbstvertrauen an Ihren Zielen arbeiten.
- Erkennen, wenn Ihre Ziele nicht mehr Ihren Wünschen und Bedürfnissen entsprechen, was Sie dann dazu verleitet, Ihre Ziele anzupassen, anstatt an Ihnen festzuhalten.

- Mental stärker sind und somit auch negative Gedanken und Selbstzweifel, die immer mal wieder auftauchen können, sehr viel besser mundtot machen können.
- Sich selbst besser reflektieren und somit einen besseren Überblick über Ihre Stärken und Schwächen haben, sodass Sie Ihre Ziele und das Erreichen der Ziele an sie anpassen können. Sie setzen Ihre Ziele auf diese Weise realistisch, ohne perfektionistisch sein zu wollen.
- Hilfe und Unterstützung Ihres sozialen Netzwerks annehmen und mit dem Wissen, Rückhalt zu haben, sehr viel motivierter und gezielter an Ihren Zielen arbeiten.

Sie setzen Ihre Ziele somit sehr viel gezielter und verfolgen Ihre Träume sehr viel effektiver, wenn Sie sich auf der Reise zu mehr Resilienz befinden und sie nach und nach immer mehr in Ihr Leben integrieren. Somit stellt die Resilienz ein äußerst wichtiges Werkzeug bezüglich des Erreichens Ihrer Ziele und des Erfüllens Ihrer Träume dar.

Die Balance zwischen Arbeit, Freizeit und Gesundheit

Ein Grund, der mitunter dazu führt, dass viele Menschen in der heutigen Zeit ein so stressiges Leben führen, liegt in der Tatsache, dass die To-Do-Liste zu voll ist und die Balance zwischen der Arbeit, der Freizeit und der Gesundheit schlicht und ergreifend nicht gegeben ist.

Dieses Ungleichgewicht provoziert Stress, Erschöpfung, Krankheit und viele weitere negative Umstände, weshalb es für Sie und Ihre Lebenszufriedenheit auch eine wichtige Rolle spielt, sich um die Balance zwischen diesen Aspekten Ihres Lebens zu kümmern.

Sicherlich spielt die Arbeit eine wichtige Rolle, um sich das Leben finanzieren zu können, doch die Freizeit und auch die Gesundheit sollten diesbezüglich nicht zu kurz kommen. Sie sollten immer darauf achten, sich mit sich selbst auseinanderzusetzen, sich selbst zu reflektieren und für sich selbst herauszufinden, welche Punkte auf Ihrer To-Do-Liste wirklich wichtig sind und mit Ihren Wünschen, Bedürfnissen und Zielen übereinstimmen.

Durch die Resilienz lernen Sie sich selbst besser kennen, vertrauen sich selbst mehr und misten somit nicht nur Ihre To-Do-Liste sehr viel besser aus, sondern Sie treffen auch sehr viel gezielter Entscheidungen.

Doch, wie finden Sie nun zu der Balance zwischen Ihrer Arbeit, Ihrer Freizeit und Ihrer Gesundheit?

Die Antwort auf diese Frage lautet, dass es kein Geheimrezept gibt, dass Sie diesbezüglich verfolgen können. Für jeden Menschen sieht die Work-Life-Balance anders aus, da jeder Mensch anders gemacht ist und anders mit stressigen Situationen umgeht.

Nutzen Sie aus diesem Grund all das Wissen, das Sie auf Ihrer Reise erlangt haben, reflektieren Sie sich selbst, setzen Sie sich mit sich selbst, Ihren Wünschen, Bedürfnissen und Gefühlen auseinander und finden für sich heraus, wie Ihre persönliche Work-Life-Balance aussieht.

Es mag sein, dass Sie Ihre passende Balance nicht im ersten Anlauf finden, doch durch die Resilienz haben Sie die Fähigkeit erlangt, nicht aufzugeben und nicht direkt das Handtuch zu werfen. Sie sind Ihrem Ziel ein Stück näher gekommen und um eine Erfahrung reicher geworden, sodass Sie sich Ihrer Balance immer weiter nähern können.

Aspekte und auch Tipps, die diesbezüglich eine fundamentale Rolle spielen, sind wieder Bestandteile der Resilienz, die Sie bereits kennengelernt haben:

- Priorisieren Sie Ihre Gesundheit und achten stets auf eine gesunde Ernährung sowie auf ausreichend sportliche

Betätigung. Kümmern Sie sich um sich selbst und legen auch Wert auf genug Schlaf.

- Identifizieren Sie Stressfaktoren am Arbeitsplatz und spielen nicht das Spiel mit, das in der heutigen Zeit viele Menschen zu spielen scheinen: „Wer den meisten Stress hat, am wenigsten schläft und die größten Augenringe hat, gewinnt". Sprechen Sie Stressfaktoren an und entwickeln Sie Strategien, um mit diesem Stress umzugehen. Arbeit muss nicht unbedingt hart und unschön sein. Rufen Sie sich immer wieder vor Augen, dass Sie einen großen Teil Ihres Lebens auf der Arbeit verbringen. Warum sollten Sie sich immer auf die Arbeit quälen und sich ständig von ihr stressen lassen müssen?
- Teilen Sie sich Ihre Zeit gezielt ein, indem Sie all Ihre Punkte auf der To-Do-Liste in Prioritäten einteilen und Ihre Zeiteinteilung somit optimieren.
- Setzen Sie sich dafür ein, dass Sie Ihre Arbeitszeiten – sofern dies Ihr Beruf zulässt – flexibel gestalten und somit Ihren persönlichen Bedürfnissen und Wünschen anpassen können. Es gibt so zum Beispiel Menschen, die es bevorzugen, an einigen Tagen etwas länger zu arbeiten, um so den Freitag oder in der Mitte der Woche einen Tag oder einen halben Tag freizubekommen. Finden Sie die Balance, die sich für Sie am besten anbietet.
- Gestalten Sie Ihre Freizeit stressfrei, ohne sich Ihre To-Do-Liste mit Aktivitäten voll zu machen und somit wieder in Stress zu verfallen. Leider gilt es in der heutigen Zeit schnell als „faul", wenn man sich einfach nur entspannt und zu Hause „nichts" macht. Das augenscheinliche „nichts" ist in Wahrheit jedoch Entspannung und Erholung und somit äußerst wichtig für Ihre psychische und physische Gesundheit. Organisieren Sie Ihre Freizeit also so, dass Sie sich gezielt entspannen können und Ihrem Körper die Zeit geben, die er braucht, um sich zu regenerieren.
- Bitten Sie um Hilfe aus Ihrem sozialen Netzwerk, wenn Sie merken, dass Sie bestimmte Dinge nicht alleine bewältigen können und unter einem zu großen Druck leiden.

- Reflektieren Sie sich selbst, achten auf sich und nehmen Anzeichen Ihres Körpers ernst. Nur auf diese Weise können Sie mögliche Anzeichen eines Burnouts rechtzeitig erkennen und Maßnahmen ergreifen, mit denen Sie ihm entgegenwirken können. Wie Sie vielleicht wissen, geht ein Burnout in vielen Fällen mit ernsthaften gesundheitlichen Problemen einher, weshalb Sie sich darum bemühen sollten, einen Burnout zu vermeiden. Denken Sie immer daran: Auf Ihrer Arbeit sind Sie ersetzbar – in Ihrem zu Hause nicht. Geben Sie Ihre Gesundheit nicht für Ihre Arbeit auf, sondern finden eine Balance, mit der Sie sich wohlfühlen.

Nehmen Sie sich die Tipps bezüglich der Balance zwischen Arbeit, Freizeit und Gesundheit zu Herzen, integrieren all das Wissen, das Sie sich auf der Reise zu mehr Resilienz angeeignet haben und arbeiten somit an Ihrer Lebensqualität, die sich durch all diese Faktoren direkt steigern wird.

Die Macht der Dankbarkeit

Über die Dankbarkeit und, wie Sie zu mehr Dankbarkeit gelangen, haben Sie bereits während Ihrer Reise zu mehr Resilienz auf einem anderen Reiseabschnitt mehr erfahren. Sie sind auf das Dankbarkeitstagebuch gestoßen, das Sie abends führen können, umso Ihr Bewusstsein dafür zu schärfen, dass Ihnen tagtäglich viele Dinge widerfahren, für die es sich lohnt, dankbar zu sein.

Durch die Dankbarkeit lernen Sie dankbar für die kleinen Dinge im Leben zu sein, die Sie oftmals als viel zu selbstverständlich sehen. Auf diese Weise steigert sich Ihre Lebensqualität, da Sie sich nicht mehr dazu verleiten lassen, sich auf die negativen Aspekte zu fokussieren. Vielmehr konzentrieren Sie sich auf die schönen Seiten in Ihrem Leben und kommen somit automatisch zu sehr viel mehr Wohlbefinden, Zufriedenheit und einer damit im Zusammenhang stehenden besseren Lebensqualität.

Neben dem Dankbarkeitstagebuch, das Sie führen können, um sich in Dankbarkeit zu üben, können Sie sich die folgenden Übungen zu Herzen nehmen, in Ihren Alltag integrieren und so nach und nach zu mehr Dankbarkeit kommen:

- Sagen Sie öfter danke und nehmen Sie Dinge nicht allzu selbstverständlich. Indem Sie die Dankbarkeit artikulieren, wächst die Dankbarkeit in Ihnen und Sie werden merken, dass es Ihnen leichter fällt, dankbar zu sein.
- Sehen Sie die Guten Dinge in schlechten Situationen und seien dankbar für diese guten Dinge, um so die allgemeine Dankbarkeit in Ihrem Leben zu steigern.
- Machen Sie eine Dankbarkeitsmediation, bei der Sie sich einen ruhigen Ort suchen und es sich an ihm gemütlich machen. Legen Sie alle elektronischen Geräte weg, sodass Sie sich nicht ablenken und schließen die Augen. Stellen Sie sich nun vor Ihrem inneren Auge etwas vor, wofür Sie dankbar sind. Das kann eine Person oder auch ein Gegenstand sein, für die oder den Sie besonders dankbar sind. Sehen Sie diese Person oder diesen Gegenstand vor Ihrem inneren Auge in all seinen Details und fühlen Sie die angenehmen warmen Gefühle, die sich während dieser Mediation in Ihnen ausbreiten.
- Welchem Menschen sind Sie in Ihrem Leben besonders dankbar? Schreiben Sie dieser Person einen Brief und halten in diesem alle Dinge fest, für die Sie dankbar sind. Zeigen Sie auf diese Weise Ihre Wertschätzung und schreiben diesen Brief am besten per Hand. In der heutigen Zeit findet ein sehr großer Teil der Kommunikation auf digitalem Weg statt, sodass es einen unglaublich großen Wert hat, einen Dankbarkeitsbrief per Hand zu schreiben und seine Dankbarkeit auf diese Weise auszudrücken.
- Danken Sie sich selbst. Haben Sie sich jemals selbst danke gesagt, oder haben Sie bislang keinen Anlass gesehen, sich selbst zu danken? Um sich selbst danken zu können und Dinge zu finden, für die es sich lohnt, dankbar zu sein, können Sie das bereits erwähnte Dankbarkeitstagebuch mit einem Erfolgstagebuch verbinden. In diesem Erfolgstagebuch halten

Sie all die Aspekte fest, die Ihnen gut gelungen sind. Schreiben Sie sich auf, worauf Sie stolz sind, und seien Sie dankbar für alle diese Dinge. Seien Sie nicht nur dankbar, sondern nehmen das Wort „danke“ in den Mund. Stellen Sie sich vor den Spiegel, schauen Sie sich in die Augen und sagen Sie sich selbst „danke“. Genau wie es bei den positiven Affirmationen der Fall ist, mag das Ihnen im ersten Moment komisch vorkommen, doch nach und nach werden Sie merken, dass es Ihnen immer leichter fällt, sich selbst „danke“ zu sagen.

All diese Übungen unterstützen Sie dabei, die Dankbarkeit in Ihr Leben zu integrieren und auf diese Weise Ihr Wohlbefinden und Ihre Lebensqualität zu steigern.

Kapitel 10: Praktische Übungen und Tipps

Nachdem Sie nun viel über die Resilienz erfahren und all die Bausteine, die Sie brauchen, um das entsprechende Fundament zu legen, mit auf den Weg bekommen haben, stellt sich nun die Frage, ob es noch irgendetwas gibt, was Sie noch nicht erfahren haben und, was Sie noch nicht in Ihr Leben integriert haben, um der Resilienz die Türen zu öffnen.

An dieser Stelle ist es wichtig zu wissen, dass Sie all die wichtigen Informationen, die Sie für diese Zwecke brauchen, bereits mit auf den Weg bekommen haben, während Sie sich auf die Reise zu mehr Resilienz begeben haben.

Da Sie jedoch sehr viele Informationen auf einmal erhalten und eine äußerst intensive Reise hinter sich gebracht haben, bekommen Sie an dieser Stelle nun noch ein paar praktische Übungen und Tipps mit auf den Weg, die Sie auf Ihrer weiteren Reise und dem einzigartigen und wundervollen Abenteuer der Integration der Resilienz in Ihr Leben unterstützen.

Übungen zur Stärkung der Resilienz im Alltag

Im Grunde genommen wissen Sie bereits, welche Übungen Sie dabei unterstützen, die Resilienz immer mehr in Ihren Alltag zu integrieren und Sie einen festen Bestandteil Ihres Lebens werden zu lassen.

Da Sie im Laufe der spannenden Reise jedoch sehr viele Informationen erhalten haben, erhalten Sie hier noch einmal einen Überblick über all die hilfreichen Tipps und Hinweise, die Sie für diese Zwecke nutzen können:

- Reflektieren Sie sich selbst.
- Üben Sie sich in Achtsamkeit.
- Denken Sie positiv, sprechen Sie positiv mit sich selbst und integrieren Sie positive Affirmationen in Ihren Alltag.
- Nutzen Sie in besonders stressigen Situationen Stressbewältigungs-Strategien, wie zum Beispiel: tiefes Atmen, progressive Muskelentspannung, Mediation, uvm.
- Setzen Sie realistische Ziele und planen Sie konkret in erreichbaren Meilensteinen.
- Pflegen Sie Ihre sozialen Beziehungen und achten auf eine klare Kommunikation.
- Kümmern Sie sich um Ihre Problemlösungsfähigkeiten.
- Üben Sie sich darin, flexibel auf Änderungen und Herausforderungen zu reagieren, sodass Sie anpassungsfähiger werden, ohne sich von dem Stress in eine Ecke drängen zu lassen und das Gefühl zu bekommen, das Opfer zu sein.
- Lernen Sie, mit Selbstzweifeln umzugehen und ersetzen Sie diese durch Selbstmitgefühl und einem positiven Mindset.
- Kommunizieren Sie vor allem in Konflikten konstruktiv, hören Sie aktiv zu und seien Ihrem Gesprächspartner und auch sich selbst gegenüber empathisch.

Nehmen Sie sich all diese Hinweise und die entsprechenden Tipps und Hinweise aus den jeweiligen Kapiteln zu Herzen und stellen somit sicher, die Resilienz in Ihrem Alltag zu stärken, sodass Sie sehr viel besser mit Herausforderungen umgehen und in stressigen Situationen standhaft bleiben können.

Alltagsstrategien für ein stressfreies und selbstbewusstes Leben

Damit Sie ein stressfreies und selbstbewusstes Leben führen können, spielt es – wie Sie bereits erfahren haben – eine sehr wichtige Rolle, dass Sie lernen, wie Sie Ihren Alltag organisieren, um so beispielsweise

Umständen eine Liste mit all den Dingen, die Sie gerne für sich machen wollen, sodass Sie immer eine Auswahl haben, ohne in die Verlegenheit zu kommen, nicht zu wissen, was Sie im Namen Ihrer Selbstfürsorge tun sollen und somit auf die Selbstfürsorge verzichten.

- Lernen Sie „Nein" zu sagen, wenn Sie keine Lust auf etwas haben und sich mit einer weiteren Verpflichtung Ihre To-Do-Liste nur noch mehr füllen würden. Sicherlich fällt es manchmal schwer „Nein" zu sagen, doch Sie sind kein schlechter Mensch, wenn Sie das Wort „Nein" in den Mund nehmen und damit für sich selbst, Ihre Bedürfnisse und Ihren Frieden einstehen. Achten Sie auf sich und Ihre Grenzen, sodass Sie die Grenzen ganz klar ziehen können.

Integrieren Sie diese Hinweise und Tipps in Ihr Leben und stellen somit sicher, ein stressfreies und selbstbewusstes Leben führen zu können. Sie wissen, dass die Resilienz und all diese Tipps und Hinweise in einer Wechselwirkung zueinanderstehen und sich somit gegenseitig unterstützen.

Stellen Sie sich die Arbeit an den verschiedenen Bestandteilen der Fundamente für die Resilienz also wie die Arbeit an einer Baustelle vor. Wenn Sie an einem Teil der Baustelle arbeiten, sorgen Sie dadurch auch dafür, dass der Rest der Baustelle vorangeht. Nach und nach baut sich das Haus immer mehr auf und es wird Ihnen deutlich leichter fallen, das Fundament der Resilienz zu legen, sodass sich das Haus auf ihm errichtet.

Geben Sie nicht auf, seien vor allem geduldig mit sich selbst und wenden das Wissen an, das Sie sich auf dieser spannenden Reise angeeignet haben. Veränderung – egal welcher Art – braucht immer Zeit. Nehmen und geben Sie sich diese Zeit und freuen sich darauf, die Resilienz Schritt für Schritt immer mehr in Ihrem Leben begrüßen zu dürfen.

Schlusswort

Sie sind nun fast am Ende der Reise zu mehr Resilienz angekommen und haben viel gelernt. Allerdings handelt es sich bei dem Ende nicht wirklich um das Ende. Denn bei der Resilienz und all den anderen Bausteinen, die Hand in Hand mit ihr gehen, handelt es sich um eine Reise, die Ihr ganzes Leben lang andauert.

Wie Sie das Fundament für das Haus der Resilienz legen, aus welchen Bausteinen es besteht und wie Sie diese Bausteine in Ihr Leben integrieren, haben Sie in den verschiedenen Kapiteln erfahren, sodass sich das Haus der Resilienz nun nach und nach aufbaut.

Doch, wie es bei einem echten Haus der Fall ist, verlangt auch das Haus der Resilienz danach, gepflegt zu werden. Es reicht nicht, ein Haus zu bauen – Sie müssen die Räume einrichten, das Haus sanieren und immer wieder Arbeiten an ihm durchführen, um sicherstellen zu können, dass es seine Funktion einwandfrei erfüllt und, dass Sie sich wohl in ihm fühlen.

Manchmal kommt es vor, dass sich Ihr Geschmack oder Ihre Lebensumstände ändern, sodass Sie die Räume in Ihrem Haus verändern, sowie es passieren kann, dass etwas an Ihrem Haus kaputt geht und Sie die entsprechenden Arbeiten für die Reparatur durchführen müssen.

Genauso verhält es sich auch mit dem Haus der Resilienz. Jeden Tag wachsen Sie ein weiteres Stück über sich hinaus, lernen dazu und gehen Schritte nach vorne. Aus diesem Grund spielt es für Sie eine wichtige Rolle, sich um das Haus der Resilienz zu kümmern und immer wieder sicherzustellen, dass Sie die Tipps, Hinweise und Tricks der Reise zu Herzen nehmen und in Ihrem Alltag durchsetzen.

Die Reise endet hiermit somit nicht, sondern Sie geht für Sie Ihr ganzes Leben lang weiter.

Haben Sie keine Angst davor, auf Herausforderungen und Hindernisse zu stoßen, Fehler zu machen und für einen Moment innezuhalten, bevor Sie weitere Schritte nach vorne gehen. Rufen Sie sich immer wieder in Erinnerung, dass die Reise zu mehr Resilienz ein intensiver und spannender Prozess ist, bei dem Sie viel über sich selbst erfahren werden.

Rückschläge kommen vor – das ist vollkommen normal und unvermeidlich. Wenden Sie all das Wissen an, das Sie sich angeeignet haben, bleiben stets positiv, nehmen Ihre Gefühle ernst und kommen auf diese Weise auch durch anstrengende und harte Zeiten.

Denken Sie immer daran, dass Sie unter Umständen nicht die Situation beeinflussen können, dafür aber in der Hand haben, wie Sie in den Situationen reagieren und, was Sie aus ihnen machen.

Konzentrieren Sie sich darauf, was Sie beeinflussen können und nutzen Ihre Resilienz, die sich immer mehr in Ihrem Leben festigt und somit zur selbstverständlichen Konstante wird.

Geben Sie nicht auf und bleiben Sie am Ball. Die Strategien, Hinweise und Tipps, die Sie auf der Reise kennengelernt haben, unterstützen Sie auf der Reise zu mehr Resilienz, wobei sie natürlich auch ihre Zeit brauchen, um ihre Wirkung zu entfalten.

Seien Sie aus diesem Grund geduldig und geben nicht auf, wenn Sie nicht direkt ein Resultat sehen. Sie nähern sich Ihrem Ziel in kleinen Schritten, die Sie vielleicht im ersten Moment nicht erkennen, auf den zweiten Blick jedoch haarscharf sehen werden können.

Stellen Sie sich das mit der Resilienz ein bisschen so vor wie mit einem Beruf, den Sie erlernen. Möglicherweise haben Sie eine Ausbildung gemacht und studiert und in diesem Prozess sehr viele wichtige Informationen und Wissen erhalten, das Sie für die Ausübung dieses Berufes brauchen.

Genauso ist es mit der Resilienz. Auf Ihrer Reise zu mehr Resilienz nähern sie sich Ihrer Resilienz immer mehr an und integrieren sie in Ihr Leben.

Im Beruf ist es nun aber so, dass Sie sich nicht nur persönlich weiterentwickeln, mehr Wissen erlangen und schlicht und ergreifend um Erfahrungen reicher werden, sondern, dass sich auch Ihre Umstände ändern können. Auch bei der Resilienz funktioniert das so. Umstände ändern sich und auch Sie entwickeln sich immer weiter und verändern sich. Aus diesem Grund legen Sie mit den einzelnen Bausteinen aus diesem Ratgeber zwar durchaus das Fundament für Ihre Resilienz, doch Sie haben damit keine Eigenschaft, die Sie für immer besitzen, wenn Sie aufhören, an ihr zu arbeiten und sich um das Haus der Resilienz zu kümmern.

Führen Sie sich vor Augen, dass es sich bei der Resilienz um einen dynamischen Prozess handelt, und nehmen sich diesen Ratgeber zu jeder Zeit zur Hilfe, wenn Sie einzelne Reiseabschnitte noch einmal besuchen und weiter an bestimmten Bausteinen arbeiten wollen.

Berücksichtigen Sie auch die folgenden Aspekte, die auf Ihrer lebenslangen Reise zur Resilienz eine wichtige Rolle spielen:

- Das kontinuierliche Lernen und der Umgang mit Rückschlägen: Durch die Entwicklung, die Sie persönlich machen und die Tatsache, dass sich Umstände immer wieder verändern können, spielt es für Sie eine wichtige Rolle, das kontinuierliche Lernen nicht als Fluch, sondern als Chance zu sehen. Es mag durchaus vorkommen, dass Wissen und Handlungen, die in der Vergangenheit funktioniert haben, in einer künftigen Situation nicht mehr funktionieren. Das bedeutet nicht, dass Sie gescheitert sind, sondern schlicht und ergreifend, dass die Zeit gekommen ist, einen weiteren Schritt nach vorne zu gehen und sich noch einen Schritt weiterzuentwickeln. Rückschläge sind eine Chance, die Sie auf lange Sicht gesehen, weiter nach vorne bringen können. Mit jedem Rückschlag haben Sie die Chance, über sich selbst hinaus zu wachsen und noch ein Stück widerstandsfähiger zu werden.

- Die Selbstreflexion und das Wachstum: Haben Sie keine Scheu davor, sich selbst zu reflektieren und sich mit sich selbst auseinanderzusetzen. Die Resilienz verlangt von Ihnen, sich mit sich selbst zu beschäftigen, wobei es nicht darum geht, nach Gründen zu suchen, sich selbst in den Boden zu rammen. Es geht darum, Ihren eigenen Wünschen, Gefühlen, Emotionen, Bedürfnissen und Grenzen näher zu kommen, um auf diese Weise zu lernen, wie Sie den nächsten Schritt nach vorne gehen können. Auf diese Weise wachsen Sie über sich hinaus und können die Resilienz noch mehr in Ihr Leben integrieren.
- Die soziale Unterstützung: Natürlich ist Ihr Weg, den Sie in Ihrem Leben gehen, Ihr ganz persönlicher Weg, was jedoch nicht bedeutet, dass Sie dauerhaft alleine gehen müssen. Ihr Weg wird an verschiedenen Stellen den Weg anderer Menschen, die sich in Ihrem Umfeld befinden, kreuzen. Haben Sie aus diesem Grund keine Scheu davor, um Hilfe und Unterstützung zu bitten und diese anzunehmen. Auch professionelle Unterstützung kann Sie dabei unterstützen, Entscheidungen zu treffen, und weiter auf der Reise nach vorne zu gehen.
- Der Blick auf das Positive: Ganz egal, wie anstrengend die Reise wird, auf welche Herausforderungen oder Hindernisse Sie stoßen: Behalten Sie immer einen positiven Blick und richten Ihre Aufmerksamkeit auf die Dinge, die Sie beeinflussen können. Die Reise, die Sie zu mehr Resilienz starten, ist keine anstrengende und nervige Reise, sondern eine wundervolle Möglichkeit, um neue Strategien kennenzulernen, neues Wissen zu erlangen und über sich selbst hinauszuwachsen. Lassen Sie sich nicht von negativen Umständen herunterziehen, sondern richten Ihren Fokus auf die schönen Dinge, die innerhalb dieser Situationen passieren.

Zu guter Letzt spielt es – wie bereits erwähnt – eine fundamentale Rolle, dass Sie die Strategien aus diesem Buch kontinuierlich anwenden und somit zu einem festen Bestandteil in Ihrem Leben werden lassen. Wenden Sie sich nicht nur einmal an, um sich dann das große Wunder zu erwarten. Veränderungen brauchen Zeit und Durchhaltevermögen. Finden Sie die Strategien, die zu Ihnen passen, mit denen Sie sich wohlfühlen und, die Sie gut in Ihren Alltag integrieren können und freuen sich auf eine spannende, wundervolle, erkenntnisreiche und einzigartige lebenslange Reise zu sich selbst, Ihrer Resilienz, Ihrer inneren Stärke, Ihrer Selbstliebe, Ihrem Selbstvertrauen, Ihrer Selbstwirksamkeit und all den anderen Bausteinen und Aspekten, die Hand in Hand mit der Resilienz gehen und somit gemeinsam mit ihr in Ihr Leben einziehen.

Haben Sie Ihre Koffer gepackt?
Sind Sie bereit?
Nehmen Sie sich diesen Ratgeber als treuen Begleiter mit und vertrauen sich selbst. Sie sind stark. Sie sind einzigartig. Sie sind wundervoll und vor allem sind Sie es wert, sich auf diese Reise zu begeben, um über sich selbst hinauszuwachsen und das stressfreie, erfüllte und glückliche Leben zu leben, das Sie verdienen.

Den ersten Schritt sind Sie bereits mit dem Kauf und dem Lesen dieses Ratgebers gegangen. Das war nur der Anfang. Machen Sie die nächsten Schritte und freuen sich auf all die Erlebnisse und Erkenntnisse, die Sie auf dieser Reise erhalten werden.

Es liegt in Ihrer Hand.
Ihr Leben ist Ihre Verantwortung.
Sie schaffen das!

Rechtliches

Zum Schluss folgt der ganze rechtliche Part – also Impressum und Nachweise über Bilder/Grafiken/Quellen/etc.

Impressum

Herausgeber:
Besart Islami
Eddelbüttelstraße 38a
21073, Hamburg